A FILOSOFIA DO AIKIDO

John Stevens

Comentários de
MORITERU UESHIBA

EDITORA CULTRIX
São Paulo

Título do original: *The Philosophy of Aikido.*

Publicado por Kodansha International Ltd., 17-14 Otowa 1-chome, Bunkyo-ku, Tokyo 112-8652, and Kodansha America Inc.

Tradução para a língua portuguesa de Paulo Proença e supervisão geral do Mestre Wagner Bull 6º Dan, presidente da Confederação Brasileira de Aikido. Rua Mauro, 323 — São Paulo, SP, Fone 55816241 — CEP 04055-040 http://www.aikido.com.br

Distribuído nos Estados Unidos por Kodansha America Inc. 575, Lexington Avenue, New York 10022, e no Reino Unido e continente Europeu, por Kodansha Europe Ltd. 95, Aldwych — London — WC2B 4JF.

O primeiro número à esquerda indica a edição, ou reedição, desta obra. A primeira dezena à direita indica o ano em que esta edição, ou reedição, foi publicada.

Edição	Ano
1-2-3-4-5-6-7-8-9-10-11	04-05-06-07-08-09-10

Direitos de tradução para a língua portuguesa
adquiridos com exclusividade pela
EDITORA PENSAMENTO-CULTRIX LTDA.
Rua Dr. Mário Vicente, 368 — 04270-000 — São Paulo, SP
Fone: 6166-9000 — Fax: 6166-9008
E-mail: pensamento@cultrix.com.br
http://www.pensamento-cultrix.com.br
que se reserva a propriedade literária desta tradução.

Impresso em nossas oficinas gráficas.

SUMÁRIO

COMENTÁRIOS

Fundamos o Instituto Takemussu no Brasil, em 1987, porque percebíamos que o Aikido estava sendo praticado no Brasil sem se ter claro todas as profundas bases filosóficas e a espiritualidade inerentes à mesma, principalmente devido à barreira lingüística e cultural, visto que os mestres no Brasil não falavam bem o português e a literatura disponível era limitada. Desde então estamos alertando para essa necessidade, com a publicação de inúmeros artigos em revistas, jornais, internet e principalmente por meio do livro: *Aikido — o caminho da sabedoria* e da tradução dos livros: *O espírito do Aikido* e *Budô*, todos publicados pela Editora Pensamento. Finalmente, o prof. John Stevens escreveu esta obra, que definitivamente mostra as verdadeiras razões para se praticar esse "Caminho", por meio de um profundo estudo prático e teórico que fez sobre sua essência. É uma obra imprescindível, não somente para ser lida, mas estudada. É quase um texto de referencial, um guia teórico para todos aqueles que queiram alcançar as altas graduações nesta senda de iluminação espiritual que muitos confundem com uma simples arte marcial para defesa pessoal, ou um simples esporte. Sem compreender claramente o conteúdo deste livro em todas suas nuances e aspectos, ninguém poderá atingir um alto nível tanto na prática quanto na teoria do Aikido, visto estarem interligadas.

Wagner Bull, 6º Dan
Presidente da Confederação Brasileira de
Aikido (www.aikikai.org.br) — fone (11) 5581-6241

A publicação de *A Filosofia do Aikido* pelo professor John Stevens é um evento significativo. O professor Stevens vem treinando Aikido há muitos anos e escreveu este livro baseado em sua vasta experiência e compreensão pessoal. O autor vive no Japão, e dedicou-se aos estudos da cultura, história e religião japonesa, tanto no nível teórico como prático. Sua compreensão da cultura japonesa o qualifica muito bem para escrever um livro sobre a filosofia do Aikido.

Recentemente, vários livros foram escritos sobre o Aikido. A peculiaridade deste trabalho é que ele se dirige aos assuntos e questões da comunidade internacional do Aikido de uma perspectiva global, derivada da integração dos ideais ocidentais e orientais. Sinceramente desejo que *A Filosofia do Aikido* venha a ser de valiosa ajuda para todos os praticantes de Aikido pelo mundo afora.

Moriteru Ueshiba
Aikido "Doshu" — líder máximo do Aikido mundial
Aikikai — Hombu Dojo — Wakamatsu Cho — Shinjuku Ku,
Tokyo 162 Japan

PREFÁCIO

O Aikido tem sido chamado de a mais filosófica das artes marciais, e Morihei Ueshiba (1883–1969), o fundador do "Caminho da Harmonia", sempre dizia aos seus discípulos: "Sem filosofia, não há Aikido." Mestre Ueshiba foi um supremo artista marcial, mas sua busca durante a vida foi mais espiritual do que marcial. Após uma profunda experiência de iluminação com a idade de 42 anos, Mestre Ueshiba constantemente palestrava aos seus alunos sobre a filosofia do Aikido, e também dirigia-se com esse profundo sistema de pensamento aos seus muitos visitantes — chefes de estado, líderes religiosos, educadores, oficiais militares, homens de negócio, cientistas, atletas, artistas, atores, músicos e casais — que buscavam seus sábios conselhos. A mensagem de Morihei Ueshiba era revolucionária, mas também tinha suas raízes na tradição clássica:

> Desde os tempos antigos,
> O conhecimento profundo e o vigor marcial
> Têm sido as duas rodas do Caminho;
> Através da virtude da prática,
> Iluminam o corpo e a alma.

Os guerreiros samurais tinham de confrontar a questão essencial da vida e morte e, naturalmente, se esperava que fossem filósofos e acadêmicos. Antes de se tornar um filósofo, no entanto, deve-se ter primeiro anos de treinamento e uma longa experiência, e a sabedoria de Morihei Ueshiba é derivada de uma vida de treinamento árduo e de reflexões profundas.

Enquanto que a grande cosmologia e os ensinamentos esotéricos do Aikido foram explorados nos livros *A Essência do Aikido* e *Os Segre-*

dos do Aikido, o presente volume enfoca os aspectos mais práticos e perenes do Aikido: como ver o mundo holisticamente, como integrar o corpo e o espírito, e como interagir com os outros seres humanos de maneira harmoniosa.

A filosofia citada aqui é baseada nos ensinamentos de Morihei Ueshiba, na instrução e inspiração recebida de meu professor Rinjiro Shirata (1912–1993), que foi um dos melhores discípulos de Morihei, e nos trabalhos escritos de Kisshomaru Ueshiba (1912–1998), filho de Morihei e seu sucessor, e também nas minhas reflexões pessoais derivadas de muitos anos de treinamento e estudo do Aikido por todo o mundo. O livro é dividido em duas partes. A primeira parte é um discurso sobre a filosofia do Aikido, tendo as citações dos ensinamentos do Mestre Ueshiba como essência. As citações de Morihei Ueshiba foram compiladas de transcrições publicadas de entrevistas e conversas, várias gravações de fitas e vasta literatura oral. (Todas as traduções foram feitas por mim). A segunda parte é uma apresentação visual e ilustrada dessa filosofia em ação. *A Filosofia do Aikido* tem como intenção ser um volume complementar ao *O Espírito do Aikido* escrito por Kisshomaru Ueshiba.[1] (Em *O Espírito do Aikido*, Kisshomaru Ueshiba refere-se a seu pai como "Mestre Ueshiba". Segui esse mesmo costume aqui, mas com uma exceção: quando o nome "Morihei" aparece, ele se refere a Ueshiba ainda jovem, em seus dias de pré-mestre.)

Como o livro *O Espírito do Aikido* foi escrito claramente, a partir de um ponto de vista japonês, *A Filosofia do Aikido* coloca os

---

1. Detalhes da vida do Mestre Ueshiba podem ser encontrados no livro de John Stevens, *O Guerreiro Invencível: Uma Biografia Fotográfica de Morihei Ueshiba, O Fundador do Aikido* (Boston: Shambhala Publications, 1997) e *Três Mestres do Budo: Kano, Funakoshi, Ueshiba* (Tóquio: Kodansha International, 1995). Ver bibliografia para maiores informações sobre *A Essência do Aikido, Os Segredos do Aikido, O Espírito do Aikido,* e em coletâneas de conversas com o Mestre Ueshiba. Opções também no site http://www.aikikai.org.br.

ensinamentos do Aikido dentro do contexto da cultura global emergente. Velhas noções de "Ocidente" e "Oriente" foram transcendidas, e hoje em dia é possível encontrar-se um *dojô* de Aikido e, mais do que isso, idéias sobre o Aikido, quase em qualquer parte do mundo. A relevância e aplicação das reflexões do Aikido à vida cotidiana no mundo de hoje é o tema deste volume. Citei ensinamentos de várias tradições diferentes para enfatizar os atrativos universais dos ideais do Aikido. Este livro é dedicado a todos aqueles que são atraídos para uma filosofia dinâmica centralizada na harmonia, na paz e na força espiritual.

John Stevens
Sendai e Honolulu

PARTE I

TEORIA

Morihei Ueshiba discursando sobre a filosofia do Aikido para um grupo de estudantes.

1

Princípios Essenciais

Como em qualquer sistema filosófico, o Aikido é definido por um sistema de princípios essenciais.

Primeiro de tudo, o Aikido enfatiza a importância das "quatro gratidões":

1. *Gratidão para com o Universo*
Essa é a gratidão pelo dom da vida, um modo de ser muito precioso e difícil de se alcançar. De acordo com as crenças budistas, a possibilidade de uma alma que transmigra achar uma vida humana é a mesma de uma tartaruga cega no grande oceano, que vem à superfície uma vez a cada cem anos, enfiar sua cabeça num buraco de um tronco de madeira que esteja passando no momento em que ela vier à superfície do mar. E, mesmo que os deuses tenham maiores chances, sua fácil existência coloca-os num estado de torpor, e somente os seres humanos podem tornar-se Buda — precisa-se de um corpo para se sentir a dor de Samsara, praticar o Dharma e experimentar o Nirvana. A gratidão por se estar vivo é supremamente importante, porque nos dá esperança. Como dizia o Mestre Ueshiba:

Santos e sábios sempre reverenciaram o que há de sagrado no céu, na terra, nas montanhas, rios, árvores e campos. Sempre existiu a consciência das grandes bênçãos da natureza. Eles entenderam que é o propósito da vida tornar o mundo continuamente novo, fazer de cada dia um novo dia. Se você entende os princípios do Aikido você também agradecerá por estar vivo, e receberá cada dia com grande alegria.
Quando você reverencia o Universo, ele o reverencia de volta.
Quando você chama pelo nome de Deus, ele ecoa dentro de você.

Um escritor índio Assiniboin descreveu desta maneira o ritual de gratidão particular de seu avô:

> Ele nunca deixou de agradecer de manhã cedo ao sol nascente. Ele chamava o Sol de Olho do grande Espírito. Ao meio-dia, ele parava por alguns segundos para agradecer e ser abençoado. Quando o Sol se punha, ele o observava em reverência até ele desaparecer.

Com o mesmo espírito, o Mestre Ueshiba fielmente oferecia seus respeitos ao santuário do *dojô* e reverenciava o sol nascente. Se ele passasse por um templo em suas viagens, ele sempre parava para oferecer uma oração à divindade local, e quando se deparava com um lugar de rara beleza, ele agradecia aos deuses por lhe oferecer esse presente. Mestre Ueshiba reverenciava uma brisa gelada que entrasse pelo *dojô* com estas palavras: "Bem-vinda sra. Brisa. Que bom você vir nos refrescar!"

2. *Gratidão para com nossos ancestrais e predecessores*
Isso significa ser grato para com as matriarcas e os patriarcas do nosso clã particular, e para com todos os grandes líderes, professores, inovadores, artistas e exploradores que vieram antes de nós e

criaram a cultura humana. Mesmo se nossos pais forem contra ou obstruírem nossos caminhos em nossa busca, ainda assim nós devemos agradecê-los pela dádiva do nosso corpo físico. O grande mestre de judô, Kyuzo Mifune (1883–1965), sempre dizia:

> Sou grato aos meus pais por me darem um corpo tão pequeno. Dessa maneira, eu posso treinar duas vezes mais para derrotar aqueles que são bem maiores, e minha técnica se tornar mais poderosa. Agradeço até mesmo pelas minhas contusões — aprendi como usar mais as partes do meu corpo que não estão machucadas.

3. *Gratidão para com o próximo*

Não podemos viver sem a ajuda de outras pessoas. Pessoas que constroem casas, cidades e estradas; pessoas que fazem as coisas funcionarem; pessoas que cultivam e preparam a nossa comida; pessoas que pagam nossos salários; pessoas que amam, criam e nos apóiam; pessoas com quem brincamos e treinamos. Mestre Ueshiba disse uma vez aos seus alunos:

> Na verdade — eu não tenho alunos — vocês são meus amigos, e eu aprendo com vocês. Devido ao seu treinamento vigoroso, eu cheguei até onde me encontro hoje. Serei sempre grato pelos seus esforços e cooperação. Por definição, Aikido significa cooperar com todos, cooperando com os deuses e deusas de cada religião.

Como foi sempre mostrado pelo Décimo quarto Dalai Lama, nós deveríamos ser gratos até pelos nossos inimigos, pois lidar com eles fortalece o nosso espírito:

O Tibete está passando agora pelo período mais sombrio de sua história. Considero uma grande honra e privilégio ser eu a pessoa que acabará com esse impasse. Talvez, se obtivermos êxito, nós não salvaremos somente a nós mesmos, mas também daremos um importante exemplo para outros países, de como a não-violência, a paciência e a confiança no poder da verdade podem ser instrumentos muito eficientes nas relações humanas.

E Mahatma Gandhi (1869–1948) disse: "As virtudes da compaixão, da não-violência, do amor e da verdade em qualquer homem podem ser verdadeiramente testadas somente quando forem confrontadas com a falta de piedade, a violência, o ódio e a mentira."

4. *Gratidão para com as plantas e animais que sacrificam suas vidas por nós*

Nós existimos às custas de outros seres, no reino vegetal e animal, e devemos ser gratos por cada bocado de comida que comemos.

O monge Zen Ryokan (1768–1831) se curvava e pedia a bênção de Buda toda vez que encontrava agricultores trabalhando nos campos de arroz, e passava muitas horas em suas caminhadas entoando sutras por eles. Ele era famoso por não desperdiçar sequer uma migalha de comida, e regularmente dividia sua porção extra de comida com os pássaros e animais selvagens. Ele compôs este poema:

Chuvas de primavera,
Chuviscos de verão,
Um outono seco.
Que a natureza sorria sobre nós,
E todos dividiremos o prêmio.

Em tempos passados, os índios norte-americanos caçadores nunca se esqueciam de agradecer aos animais que generosamente se deixavam matar. Esta é uma oração esquimó:

Animais do mar,
Venham, se ofereçam na luz da manhã.
Animais da planície,
Venham, se ofereçam na luz da manhã.

Eles se referiam às suas presas como "amigos", e se dirigiam a elas respeitosamente: "Estamos tirando a sua vida por necessidade, não por ganância." Algumas tribos celebravam um ritual de preparação antes da colheita. As pessoas se juntavam no local e acertavam ou perdoavam as dívidas e brigas do ano que passou, a fim de restaurar a harmonia na comunidade, e assim assegurar que as colheitas fossem feitas com o estado de espírito adequado.

As quatro gratidões também podem ser entendidas como se fossem quatro dívidas: (1) nós estamos em débito com o universo, pela dádiva de seu grande propósito; (2) estamos em débito com nossos ancestrais pela dádiva de nossa existência física; (3) estamos em débito com os homens e mulheres sábios do passado, pela dádiva de toda cultura humana; e (4) estamos em débito com todos os seres animados pela dádiva de proporcionar o nosso sustento.

Gratidão é um antídoto poderoso contra o ressentimento que sentimos em relação aos outros e pelo mau temperamento que possuímos por guardarmos rancor. (Buda definiu uma pessoa fraca como "alguém que não é grato e que, em sua própria mente, não tem noção de tudo de bom que lhe é proporcionado"). Pessoas agradecidas evitam a autopiedade e relutam em reclamar sobre o tamanho de seu fardo na vida. Outro aspecto da gratidão é o respeito.

Os índios norte-americanos sempre enfatizaram muito o princípio do respeito: respeito por Wakan Tanka, o Grande Espírito; respeito pela Mãe Terra; respeito pelos outros seres humanos; e respeito pela liberdade individual. No budismo, existe um ser conhecido como o "Sempre Respeitoso Bodhisattva", cuja única ação é curvar-se e reverenciar em gratidão a todos os que encontra, oferecendo a cada indivíduo todo o respeito simplesmente por estar vivo. Precisamos ter respeito pelos deuses, deusas e budas, respeito por objetos físicos e, mais do que tudo, respeito pelos seres humanos. Respeito não é simplesmente consideração; é também identificar-se e simpatizar com a posição dos outros. Como diz o provérbio chinês: "Uma tristeza repartida é reduzida à metade; uma alegria repartida é dobrada."

Todo sistema filosófico tem um conjunto "moral" ou de "virtudes". No Aikido, quatro virtudes primárias são as mais valiosas:

1. *A virtude da coragem*

Isso quer dizer "brava ação", "compromisso de coragem" e "vida valorosa". Deve-se enfrentar com bravura todos os desafios que a vida nos coloca, e combater o bom combate até o final. Devemos ser bravos o suficiente para nos engajarmos em nosso próprio sacrifício quando necessário, e admitir os erros e assumir toda a responsabilidade por esses erros. A virtude da coragem gera a força de vontade e determinação. Para se dominar qualquer arte, deve-se ter absoluta determinação a praticá-la. Nós praticamos porque é difícil, não porque é fácil. Mas, se treinarmos com afinco, sairemos triunfantes: "Treinamento árduo leva a fácil vitória." No Aikido, somos ensinados a lutar nos níveis mais altos, chegando até a deixar que um oponente ataque primeiro, e normalmente não atacamos alvos mais fáceis. A pessoa que é valorosa, quer vencer de forma justa e não às custas de outros. Mestre Ueshiba dizia:

> A vitória que buscamos é sobressairmos a todos os desafios e lutar até o fim, cumprindo a nossa meta. No Aikido, nunca atacamos. Se você atacar primeiro para ganhar vantagem sobre alguém, isso é prova de que o seu treinamento não foi o suficiente e, na verdade, você é quem foi vencido.

Outro aspecto da coragem é a inexistência do medo. Mestres de *budo*, freqüentemente, falam sobre "a dádiva da inexistência do medo:

a não-existência do medo, que vem do conhecimento completo, e que envolve a tudo, a inexistência de sentir medo que vem da destruição da ilusão, a inexistência do medo que vem do desaparecimento das dúvidas, e a inexistência do medo que vem da verdadeira compreensão da natureza da dor e a inexistência do medo da morte, o inimigo final". Os zen-budistas dizem que "alguém que está completamente desperto não conhece o medo". A dádiva da inexistência do medo também é a dádiva da segurança, de fazer-se intrépido, de arriscar e até ser audacioso.

A virtude da coragem é simbolizada pelo fogo, uma chama uniforme que não pode ser extinta.

2. *A virtude da sabedoria*

Filósofos asiáticos encorajavam seus discípulos a desenvolver um vasto conhecimento sobre o céu e a terra "lendo dez mil volumes e viajando dez mil milhas". Um corolário disso é a obrigação de "nunca parar de aprender". Mestre Ueshiba dizia:

> O universo é o nosso maior professor. Vejam a maneira como uma corrente flui em seu caminho pelo vale da montanha, suavemente transformando-se ao fluir por cima e ao redor das rochas. A sabedoria do mundo está contida em livros e, ao estudá-los, incontáveis técnicas novas poderão ser criadas. Estude e pratique, e então reflita sobre o seu progresso. O Aikido é a arte do aprender profundo, a arte de conhecer a si mesmo.

Essa virtude é representada pelo céu, um símbolo de sabedoria vasta, que a tudo compreende.

3. *A virtude do amor*

O termo "filosofia" quer dizer "amor pela sabedoria", e originariamente não significava descrever sistemas abstratos de pensamento. Pitágoras (que viveu por volta do século VI a.C.), pai da filosofia ocidental, definiu o filósofo como alguém que observa, reverencia e contempla a ordem, a beleza e o propósito do que está acontecendo, e busca pelo filamento dourado de sabedoria essencial que conecta tudo entre si. Quando perguntaram a Pitágoras: "Você é sábio?", sua resposta foi: "Não, mas sou um amante da sabedoria."

O amor deveria ser dirigido tanto a objetos como a idéias. O filósofo taoísta, alquimista, e físico Ko Hung (que viveu por volta dos anos 284–364), dizia que o segredo da imortalidade era "estender o amor a todas as coisas, até as fronteiras do universo, e ver a todos como se vê a si próprio".

O Mestre Ueshiba dizia sobre o amor:

> No verdadeiro *Budo*, não existem inimigos. O verdadeiro *Budo* é a função do amor. O Caminho do Guerreiro não é a destruição e a morte, mas experimentar a vida, para continuamente criar. O amor é a divindade que pode realmente proteger-nos. Sem o amor nada prospera. Se não existir amor entre os seres humanos, será o fim de nosso mundo. O amor gera o calor e a luz que alimentam o mundo.

Na filosofia do Aikido, "calor" é um símbolo para compaixão, e "luz" significa sabedoria. A terra simboliza a realidade quente e concreta do amor.

Gandhi dizia: "A espada de um guerreiro da paz é o amor, e a firmeza inabalável que provém desse amor."

4. *A virtude da empatia*

Essa é a dimensão social do Aikido. A filosofia nunca existirá no vácuo, e devemos sempre nos perguntar, "Como nossas ações afetam ao mundo em geral e a outros em particular?". Se os ideais do Aikido não forem aplicados na esfera das relações humanas, da ecologia, da economia e na política, elas serão de pouco valor. Mestre Ueshiba dizia:

> Primeiro de tudo, você deve pôr a sua vida em ordem. Em seguida, você deve aprender como manter um relacionamento ideal dentro de sua própria família. Depois disso, você deve lutar para melhorar as condições no seu próprio país e, finalmente, viver em harmonia com o mundo como um todo.

Madre Teresa (1910–1998) dizia sobre seus atos de compaixão: "Nós não fazemos grandes coisas, mas pequenas coisas com grande amor." Quando perguntaram a ela o que deveria ser feito para se ter um progresso melhor no mundo, ela simplesmente disse: "Cumprimente a todos com um sorriso." A virtude da empatia é simbolizada pela água, o elemento que constantemente nutre o mundo.

(Para efeito de comparação, as virtudes cardeais da filosofia grega são a justiça, a prudência, a força de vontade e a moderação. As virtudes taoístas são a compaixão, a frugalidade e a modéstia. As virtudes budistas são a generosidade, a disciplina, a perseverança, a sabedoria, a paciência, a meditação, a adaptação, a força, a amabilidade e a equanimidade. As virtudes tântricas são o amor, a compaixão, a alegria pelo sucesso de outros, e a equanimidade em relação aos seres conscientes. As virtudes gnósticas são os relacionamentos pacíficos, a reciprocidade, a afeição e a simpatia. As virtudes dos sufistas são a sinceridade para com Deus, a severidade consigo próprio, a justiça para todos, a ajuda aos idosos, a gentileza para com os mais jovens, a generosidade para com os pobres, dar bons conselhos aos amigos, ser tolerante com os inimigos, ser indiferente aos tolos, e o respeito aos mais sábios. As virtudes primárias das tribos indígenas norte-americanas são o altruísmo, a paciência e o perdão; e as virtudes cristãs são a fé, a esperança e a caridade.)

As "quatro virtudes" do Aikido nos ajudam a lidar com os "quatro desafios": idade avançada, doenças, morte, e estar separados das pessoas que amamos. A vida não é perfeita, não é justa, e todos nós sofremos com os efeitos da velhice, das doenças, da morte e, pior de tudo, da perda das pessoas a quem amamos. Isso é uma constante universal. Mesmo o Mestre Ueshiba teve seus tempos difíceis: ele enfrentou os horrores dos campos de batalha durante a Guerra Russo-Japonesa, e mais tarde no combate corpo a corpo com os bandidos na Manchúria; ele perdeu dois filhos por motivos de doença, sendo um após seis meses da morte do outro; foi ameaçado de prisão pelo governo militarista por estar associado com a seita Omotokyo; muitos de seus amigos e discípulos favoritos morreram na Segunda Guerra Mundial; ele viu seu país subjugado e destruído pela guerra, apesar de seus esforços para preveni-la; ficou mortalmente adoecido por várias vezes durante sua vida; e envelheceu (mas não enfraqueceu), até que finalmente foi vencido pelo câncer. O Mestre Ueshiba dizia:

> Todos os dias da vida humana contêm alegria e ódio, dor e prazer, escuridão e luz, crescimento e decadência. A cada momento é delineado o grande plano da natureza — não se negue nem se oponha à ordem cósmica das coisas. Aguarde alegremente por cada dia e aceite o que ele lhe oferecer.

A vida sempre é um julgamento, e todos nós estamos sujeitos à roda da fortuna: uma roda eterna de boa e má sorte, prosperidade e pobreza, saúde e doença, estabilidade e mudanças. Ao nos estimular a sermos mais virtuosos, sábios, mais amáveis e mais simpáticos, a filosofia do Aikido nos equipa para enfrentarmos desafios dolorosos e difíceis.

Não olhe para o mundo com medo e desprezo.
Aceite bravamente o que os deuses lhe oferecem.

Em situações extremas, o universo inteiro se torna seu adversário; em tempos críticos como esse, a unificação da mente e a técnica são essenciais — não deixe seu coração perder o equilíbrio!

A ética do Aikido gira em torno de um princípio: *makoto*. O sentido literal de *makoto* é "atos verdadeiros", e a palavra denota "sinceridade que é natural, espontânea — livre da duplicidade e de artifícios". Os seres humanos são essencialmente bons, do ponto de vista do Aikido — eles são naturalmente puros, brilhantes, honestos e gentis. George Catlin (1796-1872), que viveu em mais de cinqüenta tribos indígenas, escreveu: "Eu amo um povo que mantém os mandamentos sem nunca tê-los lido ou ouvido." Essa observância natural dos mandamentos é *makoto*. O bem consiste em coisas prazerosas na vida; o mal é tudo o que causa a infelicidade, o infortúnio e a desarmonia.

O Mestre Ueshiba enfatizou os três princípios filosóficos da unidade:

1. Sua mente deve estar em harmonia com o funcionamento do universo;
2. Seu corpo deve estar ajustado com o movimento do universo;
3. Mente e corpo devem ser um só, unificados com a atividade do universo.

Em outras palavras, não se deve fazer nada que seja contrário à natureza. Se o seu treinamento for *makoto*, em primeiro lugar você não estará se opondo à natureza; mas a maioria de nós tem que depender de *nen* ou "focalização concentrada nos princípios ideais", para permanecermos afinados em todos os níveis.

A forma física das técnicas do Aikido não tem nada de especial. O Mestre Ueshiba estudou vários tipos diferentes de artes marciais e incorporou uma variedade de técnicas ao seu sistema. Muitos dos seus movimentos são encontrados nas artes marciais do mundo ocidental, como luta livre e esgrima. As técnicas são recursos físicos utilizados para se atingir um nível mais elevado de compreensão. Mestre Ueshiba disse:

> As técnicas do Aikido mudam constantemente; cada encontro é único e a resposta apropriada deverá aparecer naturalmente. As técnicas de hoje serão diferentes amanhã. Não fique preso à forma e à aparência. E, por fim, você deve se esquecer da técnica.

As técnicas do Aikido são veículos de transformação, com quatro aspectos: o educativo, o histórico, o prático e o filosófico. As técnicas se apóiam em nove pilares, que também podem ser interpretados como nove portões filosóficos da sabedoria, com uma ampla aplicação. Os nove pilares são:

1. *Shiho, "universalidade"*

O significado literal de *shiho,* é "quatro direções". No Aikido clássico, a prática é iniciada com *shiho-giri,* "corte nas quatro direções", que simboliza as quatro gratidões, as quatro virtudes e os quatro desafios. *Shiho* também quer dizer olhar para o mundo em todos os seus aspectos, considerar as coisas de todos os ângulos, e ser capaz de se mover em qualquer direção que seja necessária. Simbolicamente, as quatro direções representam virtudes diferentes: o leste é o conhecimento; o sul, o crescimento; o oeste, a liberação; e o norte, a força.

2. *Irimi, "avançando e se unindo"*

Quando confrontado com uma agressão no Aikido, uma reação típica é não recuar ou desviar a agressão, mas entrar diretamente no centro do ataque: "Quando um oponente avança, mova-se em direção a ele e o cumprimente." Algumas vezes acabamos nos dirigindo na mesma direção que o atacante, muito próximos — tão próximos que fica difícil de se discernir a diferença entre o atacante e o defensor. Freqüentemente, a melhor maneira de se lidar com a oposição é ir direto à sua fonte, e em seguida harmonizar-se unindo-se a ela, tornando qualquer tipo de agressão impossível.

3. *Kaiten, "abrindo e girando"*
Algumas vezes é melhor evitar um ataque abrindo-se para o lado e em seguida redirigindo o ataque em direção ao agressor. O conceito de "abertura" é central no Aikido, e também significa abrir-se para as possibilidades, com a mente e o coração abertos. O Mestre Ueshiba dizia:

> Cada um de nós deve abrir seu próprio caminho, abrir sua própria porta até a verdade. O universo é como um livro aberto que pode ser lido, e devemos ver o mundo como ele realmente é.

Existe um ditado hassídico que diz que "Deus está em todo lugar em que Lhe é permitido estar. Ele está no nosso coração, se não O deixarmos de fora". Alguns hassídicos mais fervorosos andam com o peito exposto sinalizando que o coração está sempre "aberto" para Deus.

A palavra "universo" literalmente significa "um, o todo, que se volta"; o universo está a nossa volta e dentro de nós; nós somos, no sentido fundamental, o pivô do mundo. Temos um ditado "dar uma virada na vida" (melhorar de vida), e isso coincide com outro aspecto importante de *kaiten*. O Mestre Ueshiba dizia a seus alunos: "O segredo dos movimentos de *kaiten* está em suas mentes, não em seus corpos."

4. *Kokyu, "o poder da respiração e da boa coordenação"*
A respiração é vida, uma respiração difícil geralmente é um sinal de *stress*, de doença ou medo. No Aikido existem vários exercícios que nos ensinam a desenvolver uma respiração mais poderosa ao nos conectarmos com a onipresente respiração do universo (um dos exercícios é descrito no capítulo "Aikido e Tantra"). O Mestre Ueshiba dizia:

> Tudo no céu e na terra respira. A respiração é o fio que une as criaturas entre si. Quando as inúmeras variações da respiração universal podem ser sentidas, nascem as técnicas individuais do Aikido.

Muitos dos alunos do Mestre Ueshiba comentam que executavam bem as técnicas quando o mestre estava no *dojô* com eles; mas, assim que ele saía, eles começavam a ter mais dificuldades. "Isso porque", o Mestre Ueshiba explicou, "quando estou presente, eu ligo o nosso *kokyu* em conjunto e nós funcionamos como uma coisa só".

Outro significado de *kokyu* é "boa coordenação". Isso envolve o entendimento dos ritmos da vida, e estar em sintonia com o ambiente e as circunstâncias.

5. *Osae, "controle de si mesmo e controle de uma situação"*
As técnicas de Aikido incluem várias imobilizações e chaves usadas para controlar um ataque. A implicação por trás de tais chaves e imobilizações é "manter uma pegada firme no assunto", "manter a situação sobre controle antes que algo aconteça e ela se torne incontrolável", e "controlar as coisas antes de começarem a surgir". Como está escrito no *Tao Te Ching*, "Detenha as coisas antes que elas surjam: cultive a paz e a ordem para reprimir o caos."

6. *Ushiro-waza, "lidando com o desconhecido"*
No Aikido, treinamos ser atacados por trás a fim de cultivarmos um sexto sentido que perceba a agressão antes mesmo que ela ocorra. Na vida cotidiana, isso se traduz na idéia de "esperar o inesperado", especialmente vindo daquelas almas mal-intencionadas que tentam nos apunhalar pelas costas ou atacar-nos quando não estamos atentos.

7. *Tenchi, "permanecer firmemente entre o céu e a terra"*
Nosso universo é composto de céu (vazio), terra (forma) e seres humanos (uma combinação de ambos os elementos). Nossa vida se desdobra em conjunto com os movimentos do céu e da terra, e deveríamos tentar manter o nosso equilíbrio entre essas duas polaridades. O Mestre Ueshiba dizia:

> Sempre tente se manter em comunhão com o céu e a terra; assim o universo surgirá em sua verdadeira luz. Se você perceber a verdadeira forma do céu e da terra, você será iluminado em sua própria e verdadeira forma.

8. *Aiki ken e aiki jo, "a espada da resolução e o bastão da intuição"*
No Aikido, as técnicas são definidas pelos movimentos diretos, retos e verdadeiros da espada. Para obtermos sucesso na vida também, devemos agir com determinação, com uma idéia direcionada e com honestidade. No entanto, nós também necessitamos de uma boa intuição para sabermos quando evitar um ataque. Para isso, devemos ser capazes de agir flexivelmente como imitando os movimentos do bastão no Aikido; ele se move suavemente para cima e para baixo, e para a esquerda e para a direita, dependendo das circunstâncias.

9. *Ukemi, "sete vezes para baixo, oito vezes para cima"*
Uma das primeiras coisas que um aluno de Aikido aprende é o *ukemi*, "cair corretamente em quedas bruscas", que permitem que ele ou ela caiam com segurança e se levantem rapidamente. As mudanças constantes da vida tentarão nos derrubar com ataques fulminantes, mas precisamos voltar ao normal todas as vezes. *Ukemi* também significa rebater um erro. Como dizia o Mestre Ueshiba: "A falha é a chave para o sucesso; cada erro nos ensina uma lição valiosa." *Ukemi* também pode ser considerado uma espécie de prostração, um exercício de humildade, determinação e segurança — que indica que você não está orgulhoso de ter sido arremessado, mas que você está determinado a se levantar novamente.

Outro princípio-chave da filosofia do Aikido é *muteiko*, ou "não-resistência".

> O Aikido é o princípio da não-resistência. Aquele que é não resistente é vitorioso desde o início. Aqueles com más intenções ou pensamentos obscuros são instantaneamente aniquilados. Um verdadeiro guerreiro é invencível porque ele não se opõe a nada.

Muteiko é muito similar à noção taoísta de *wu wei*, "não-ação" ou "não-contestação". O *Tao Te Ching* diz:

> O bom soldado não é marcial.
> O bom lutador não se zanga.
> A melhor maneira de se conquistar um inimigo é não enfrentá-lo.

Ao não se impedir o fluxo natural das coisas, ao não tentar impedir ou interferir no suceder dos eventos, nós alcançamos a harmonia como nosso meio. Há um conhecido conto sobre um açougueiro taoísta, cuja faca nunca ficou cega, porque sua lâmina sempre acertava entre os espaços abertos entre as juntas e o boi se desmanchava. Quando executadas por um Mestre, as técnicas de Aikido mostram igualmente que o esforço é desnecessário, e isso é *wu wei*; movimentos leves e sutis que são incomparavelmente limpos e poderosos.

Outra tradução possível para *muteiko*, seria "não-violência", ou *ahimsa* em sânscrito. Assim como Gandhi, Mestre Ueshiba acreditava que a fonte de todo o mal é a violência: violência contra si mesmo, contra os outros ou contra o ambiente: "Arrebentar, ferir ou destruir é o pior pecado que o ser humano pode cometer." (Madre Teresa, em seu discurso de aceitação do Prêmio Nobel da Paz, lamentava a violência tendenciosa contra os nascituros: "O maior inimigo da paz é o aborto. Se uma mãe pode matar o próprio filho, o que mais não fará?")

Gandhi não gostava que *ahimsa* fosse traduzido como "resistência passiva", porque ele sentia que isso daria à palavra uma infeliz conotação de fraqueza ou falta de poder. Ele preferia o termo "não violência" — um conceito muito mais positivo. Já que Gandhi estava pregando aos hindus, que já tinham uma tradição de *ahimsa*, ele às vezes dizia que a não-violência do líder muçulmano Abdul Hamid Khan (1880–1976) era muito superior à sua, porque Khan estava "ensinando a não-violência ao povo que sempre esteve armado até os dentes". Um dos maiores discípulos de Gandhi, Vinoba Bhave (1895–1982), nunca se opôs verbalmente a seus principais adversários; ricos senhores de terras a quem ele estava tentando persuadir a doarem suas terras aos desabrigados. Bhave sentia que a oposição em si era uma forma de violência, porque a oposição gera a insegurança e muitas vezes torna a pessoa mais intransigente. "Sempre que negocio com um senhor de terras ganancioso", Bhave dizia de sua estratégia *ahimsa*, "eu não entro em atrito, ao invés disso tento achar uma porta para seu coração para poder convencê-lo".

Martin Luther King (1929–1968), outro advogado da não-violência, declarou:

> Todas as vidas estão correlacionadas, toda humanidade está envolvida em um único processo, no sentido de que, se eu ferir meu irmão, na mesma proporção, estarei ferindo a mim mesmo.

> Similarmente, Mestre Ueshiba dizia:

> Assim que você se preocupar com o que há de "bom" e de "ruim" em seus colegas, você criará uma abertura em seu coração para um sentimento malicioso entrar. Testando, competindo e criticando as fraquezas dos outros, fará de você um fraco e você acabará derrotado.

> Em termos cristãos, temos esta mensagem de Jesus:

> Ouviste que foi dito: "Olho por olho, e dente por dente." Eu, porém, vos digo: não resistais ao homem mau; antes, àquele que te fere na face direita oferece-lhe também a esquerda. (Mateus 5: 38-39)

A idéia de "oferecer a outra face" é representada na filosofia do Aikido pelo termo *kaiten:* "mudar o ataque e deixá-lo passar".

Outro uso engenhoso da não-violência é descrito na peça teatral *Lisístrata,* de Aristófanes (448–385 a.C.). Lisístrata planejou parar com a guerra entre Atenas e Esparta, pedindo às mulheres da Grécia que não fizessem sexo com os homens até que o conflito terminasse. Quando Lampito, o Espartano, ouviu falar desse plano, ele disse: "É provável que isso funcione. Dizem que Menelau jogou fora a espada quando viu os seios de Helena de Tróia."

O último dos princípios centrais do Aikido é *masakatsu, agatsu katsu hayabi.* A letra japonesa *masa* quer dizer "verdadeiro, correto, direto", e *katsu* significa "vitória, triunfo, sucesso". O Dalai Lama descreveu o termo *masakatsu* ou "verdadeira vitória", da seguinte forma:

> A nossa civilização é uma civilização que por mil anos se dedicou à não-violência, à compaixão, e ao perdão, e por isso lutamos pelos nossos direitos como um povo dentro dos parâmetros desses princípios. Se fôssemos abandoná-los e reconquistar nossa terra através do ódio e intenções violentas, a perda seria maior que o ganho. O Tibete que reconquistaríamos jamais seria o Tibete pelo qual estamos lutando. Teríamos assim uma vitória exterior, mas uma derrota interior.

Eis alguns exemplos de *masakatsu*:
Quando era advogado, Abraham Lincoln (1809–1865) disse a seus colegas:

> Convençam as partes a entrar em acordo, sempre que puderem. Mostrem a eles como um ganhador nominal sempre é um perdedor real — em honorários, custas e perda de tempo. Como pacificador, o advogado tem uma oportunidade superior de ser um bom homem.

O *Dhammapada* diz:

> "Ele me xingou, ele me bateu, ele me venceu, ele me reprimiu."
> Naqueles que admitem tais coisas, a hostilidade nunca cessará.
>
> A hostilidade nunca cessará com hostilidade seja qual for a época. A hostilidade, o ódio, só se extinguem com o amor; essa é uma verdade eterna.

O *Tao Te Ching* diz:

> Se você atacar com compaixão, você vencerá.
> Se você se defender com compaixão, você se sobressairá firmemente.

Outro verso *taoísta* diz:

> À mente que está serena
> Todo o mundo se renderá.

Masakatsu pode ser interpretada como significando: "Se o seu trabalho for verdadeiro, ele se sobressairá vitorioso e perdurará." É importante basear-se nesse aspecto de *masakatsu* quando se lida com críticas. Muitos acadêmicos islâmicos escreveram opiniões teológicas e legais contra o uso inovador da música e da dança na escola do Mestre sufista Rumi (c.1201-1270). Mas "por compreensão gentil e generosa" — em outras palavras, mantendo a atitude de *masakatsu* — Rumi não respondeu às críticas. As objeções diminuíram e agora seus críticos e suas opiniões estão completamente esquecidos.

O Mestre Ueshiba uma vez definiu *masakatsu* como "cumprir o seu propósito na Terra".

A significa "si mesmo" e *gatsu* (*katsu*) é "vitória". Isso é "vitória sobre si mesmo", um triunfo sobre seus demônios interiores, sobre os instintos básicos. O Aikido não é uma ocasião para se corrigir aos outros, mas para corrigir-se a si próprio. O Mestre Ueshiba dizia:

> O Aikido começa em você. Trabalhe em si mesmo e na sua tarefa. Todos temos o espírito que pode ser aprimorado, um corpo que pode ser treinado de alguma forma, um caminho apropriado para seguir. Desenvolva a paz na sua vida e aplique o Aikido em tudo o que você encontrar.

Haya significa "rápido, veloz, dinâmico", e *bi* (*hi*) significa "sol, dia, luz, tempo". *Katsu hayabi* quer dizer "vitória rápida e imediata". Uma tradução aproximada de toda a frase *masakatsu agatsu katsu hayabi* seria: "A verdadeira vitória é a vitória sobre si mesmo, aqui e agora!" *Masakatsu agatsu katsu hayabi* era a resposta mais freqüente do Mestre Ueshiba à pergunta, "O que é o Aikido?"

No nível de treinamento, *masakatsu agatsu katsu hayabi* pode ser interpretada como:

Coragem determinada
aliada a árduos esforços
até que todos os objetivos se cumpram.

Em termos técnicos, a frase diz:

Se a sua mente está vazia
e seus movimentos são verdadeiros,
a técnica se manifestará imediatamente por si própria.

Em termos de um significado mais profundo, mais filosófico, a frase sugere:

Você sairá vitorioso
Ao conquistar sua natureza inferior
E ao compreender o estado de ser que transcende o tempo e o espaço.

No estágio de liberação, as palavras indicam que:

A verdade o libertará do medo
e da dúvida,
e todo e cada momento parecerá vital e iluminado.

2

Aikido, Natureza e Saúde

Morihei Ueshiba era um filho da natureza. Até mudar-se para Tóquio já com seus quarenta e poucos anos, ele passou a maior parte de sua vida ao ar livre: quando jovem, residindo na província de Wakayama, ele pescava e nadava no mar, trabalhava nos campos, treinava nas florestas e atravessava as montanhas sagradas de Kumano para visitar os templos e santuários; como um pioneiro nas matas selvagens de Hokkaido aos trinta anos, ele era fazendeiro em tempo integral e lenhador; e nos anos precedentes à sua mudança para Tóquio, ele era encarregado dos vastos jardins orgânicos da sede da Omoto-kyo em Ayabe. Em Wakayama, Hokkaido, e também em Iwama, o Mestre Ueshiba praticava um ritual de purificação no mar gelado, sob cachoeiras e nas fortes correntezas dos rios.

A experiência de iluminação do Mestre Ueshiba ocorreu num jardim:

> De repente, a terra tremeu. Um vapor dourado saiu do chão e me envolveu. Eu me senti transformado numa imagem dourada, e meu corpo ficou leve como uma pluma. Ao mesmo tempo eu entendi a natureza da criação:

> o caminho do guerreiro é manifestar amor divino, um espírito que envolve e cria todas as coisas. Lágrimas de gratidão rolaram pela minha face. Eu vi toda a Terra como minha casa, e o sol, e a lua e as estrelas como meus companheiros íntimos.

O mais interessante é que Hildegard de Bingen (1098–1179), uma das grandes místicas do Ocidente, também tinha 42 anos de idade quando foi transformada por um raio de luz similar:

> Uma luz muito forte de tremendo brilho vinda dos céus entrou em minha mente. Como uma chama que não queima mas que excita, ela inflamou todo meu coração e o meu peito, assim como o sol que aquece um objeto com seus raios. Desse momento em diante, fui capaz de entender o significado oculto de todos os livros da Bíblia.

No misticismo xintoísta, acredita-se que adeptos avançados como o Mestre Ueshiba de vez em quando entram num estado além do tempo e espaço e se fundem em uma coisa só com o divino. É dito que essa experiência transcendental é acompanhada por um raio de luz, tipicamente dourado, mas às vezes púrpura. Essa é a fonte da declaração do Mestre Ueshiba, onde ele diz que: "O universo se tornou uma fumaça púrpura e tomou conta do meu corpo."

Na verdade, o Mestre Ueshiba nunca se sentiu muito em casa na metrópole de Tóquio. Ele adquiriu terras na região de Iwama, na região rural da província de Ibaraki, onde construiu um *dojô* a céu aberto, no qual passava o máximo de tempo possível. Não importava onde ele estivesse, Mestre Ueshiba sempre estava pronto para dar as boas-vindas ao sol da manhã e normalmente preferia recitar suas preces xintoístas ao ar livre a recitá-las dentro de um edifício.

> Faça de cada dia um novo dia vestindo-se com o céu e a terra, banhando-se com sabedoria e amor e se colocando no coração da Mãe Natureza.

O santo hassídico Baal Shem Tov (c. 1700–1760) ensinava seus seguidores:

> O mundo é novo para todos nós a cada manhã — essa é a dádiva de Deus para nós, e devemos acreditar que renascemos a cada dia.

Mestre Ueshiba via a natureza como o nosso primeiro e mais inspirador professor, e sua filosofia tinha raízes no mundo natural:

> Considere a correnteza e o fluir da maré. Quando as ondas vêm bater na praia, elas crescem e caem, produzindo um som. Sua respiração deveria seguir o mesmo ritmo, absorvendo o universo em sua barriga com cada inalação. Saiba que todos nós temos acesso a quatro tesouros: a energia do sol e da lua, a respiração do céu, a respiração da terra e a correnteza e o fluxo da maré.

> Estude os ensinamentos do pinheiro, do bambu e da flor da ameixeira. O pinheiro está sempre verde, com raízes fortes, e venerável. O bambu é forte, flexível e inquebrável. A flor da ameixeira é robusta, perfumada e elegante.

> Seu coração está cheio de sementes férteis, aguardando para brotar. Assim como a flor de lótus nasce no solo encharcado para florescer magnificamente, a ação do sopro cósmico faz com que a flor do espírito desabroche e frutifique neste mundo.

> Aqueles que praticam Aikido devem proteger os domínios da Mãe Natureza, o reflexo divino da criação, e mantê-la bela e fresca. As técnicas sutis do Aikido surgem naturalmente como a primavera, verão, outono e inverno.
>
> Nasça da Grande Terra;
> Role como as Grandes Ondas;
> Fique em pé como uma árvore e sente-se como uma rocha;
> Use o Um para atingir o Todo;
> Aprenda e esqueça!

No Ocidente, há um ditado de São Bernardo de Clarival (1090–1153), que diz: "Árvores e pedras lhe ensinarão o que você nunca vai aprender com os livros."

Os dois caracteres *kanji* que formam a palavra *aiki* são *ai*, que significa "chegar junto, juntar-se, unir-se", e *ki*, "energia vital, espírito, disposição". A tendência que a matéria tem para se juntar é um fato básico no universo. Existem ligações químicas, ligações nucleares e ligações humanas que se fundem com uma intensa energia. O Mestre Ueshiba definiu *aiki* como:

> A energia vital que une todas as coisas; é o processo favorável de unificação que opera em todas as esferas, desde a vastidão do espaço até o mais minúsculo dos átomos.

Quando começou a ensinar, Mestre Ueshiba chamou sua arte de "*Aioi-jutsu*". *Aioi* quer dizer "gerando-se mutuamente", e é descrito no *Tao Te Ching* assim:

Ser e não ser geram-se mutuamente.
O fácil e o difícil complementam-se.
O longo e o curto se delimitam.
O alto e o baixo se inclinam.
O som e a voz se harmonizam.
O antes e o depois seguem-se um ao outro.

O *Aioi-jutsu* formou a base do Aikido.

Do, o terceiro caráter da palavra *ai-ki-do*, significa "Caminho" ou "Senda", e é o mesmo caráter usado pelos taoístas para descrever os mistérios da natureza. Em idade mais avançada, Mestre Ueshiba na verdade, se parecia mais com um benigno imortal taoísta do que um guerreiro feroz, e descreveu o *do* como:

> O Caminho é como as veias por onde o sangue circula, seguindo o fluxo natural da energia vital. Se você estiver separado, o mínimo que seja, dessa essência divina, estará bem longe do caminho.

Mestre Ueshiba também comparava o Caminho com a água, que sempre procura o melhor curso, passando ao redor dos obstáculos, não oferecendo qualquer resistência.

Os taoístas* (o Caminho), os budistas (o Caminho dos Oito desdobramentos: visões corretas, intenções corretas, fala correta, ação correta, viver correto, esforço correto, percepção correta e concentração correta), os cristãos ("Eu sou o Caminho", João 14: 6), e os muçulmanos (O Caminho Reto), freqüentemente falam do Caminho ou da Senda, e todos concordam que é fácil de se perder ou de sermos seduzidos pelos atalhos que aparecem. Um esforço concentrado sempre é necessário para a pessoa se adiantar no Caminho,

---

* *O Livro do Caminho Perfeito*, publicado pela Editora Pensamento, São Paulo, 2003.

porque o começo sempre é cheio de obstáculos e difícil de se seguir. Mestre Ueshiba dizia:

> Perca seu rumo
> E você irá
> Entrar num mau caminho;
> Não dê rédeas
> Ao cavalo selvagem do seu coração.

Quanto mais longe se consegue atingir, a estrada se tornará mais suave e paisagens maravilhosas aparecerão pelo caminho.

> Aiki —
> Um Caminho tão difícil
> De se compreender,
> E tão simples como
> O movimento natural do Céu.

Eventualmente, cada um de nós tem seu próprio caminho:

> Muitos caminhos levam ao pico do monte Fuji, mas o destino é o mesmo. Existem muitos métodos para se chegar ao topo, e todos podem levar-nos às alturas. Não é necessário batalharmos entre nós — todos somos irmãos e devemos andar juntos pelo caminho.

E é o andar de cada um pelo caminho — a prática do Aikido — que é mais importante, e não o caminho em si.
Rebbe Yaakov-Yitzhak de Lubin (falecido em 1815) disse:

> Existem muitos caminhos que levam à perfeição, e depende de nós mesmos a escolha de nosso próprio caminho, e de segui-lo com grande determinação, para fazermos dele a nossa própria verdade.

Antes de morrer, Rebbe Zusia (falecido em 1800) disse aos seus discípulos:

> Quando eu estiver diante do tribunal celeste, eu não serei questionado por que eu não fui Abraão, Jacó ou Moisés. Serei questionado por que eu não fui Zusia.

A natureza, do ponto de vista do Aikido, funciona de acordo com o princípio de "um espírito, quatro almas, três fundamentos e oito poderes" (*ichirei-shikon-sangen-hachiriki*).

Quase toda cosmologia, ocidental ou oriental, postula um primeiro efeito, uma fonte única, ou um *big-bang* do qual o universo se originou. Mestre Ueshiba explicava a criação do Aikido em termos da sílaba germinadora cósmica SU:

> Não existiam o céu, a terra, o Universo, somente o espaço vazio. Nesse imenso vazio, um único ponto de repente se manifestou. Desse ponto, o calor, a névoa e o vapor em espiral formaram uma esfera luminosa e o *kototama* SU nasceu. SU, ao se expandir para cima e para baixo, para a esquerda e para a direita, a natureza e a respiração surgiram, limpas e puras. A respiração desenvolveu a vida, e o som apareceu. SU é o "Verbo" mencionado na Bíblia cristã.

Na filosofia sufista, a sílaba germinadora é HU, o nome do altíssimo, e a origem de todos os sons e, por extensão, de toda ação.

Mestre Ueshiba também se referia a SU como Espírito Uno:

> Todas as coisas, materiais ou espirituais, se originam do Espírito Uno e se relacionam como uma família. Existe o mal e a desordem nesse mundo porque as pessoas se esqueceram do "Espírito Uno".

Mestre Ueshiba freqüentemente falava que "uma família, uma geração, um mundo, um corpo, um ano, um dia" emanavam de um "Espírito Uno". O *Isha Upanishad* diz que: "Aquele que vê a Unidade em todo lugar, estará livre da frustração e da desilusão." Os taoístas dizem: "Mantenham-se no Centro e compreendam a unidade do Céu e da Terra." Do Espírito Uno, emergiu toda a criação, tendo como base a interação do fogo e da água.

Tanto no Ocidente como no Oriente, o fogo e a água são tidos como as duas forças principais da criação. Na cosmologia asiática, o fogo e a água surgem do Grande Ser: o fogo incendeia e se intensifica, a água molha e flui. Da interação do fogo e da água se originam todas as coisas. Para viver, precisamos da água para beber e do fogo para cozinhar nossa comida. Na alquimia ocidental, o fogo fornece a forma e a água fornece a matéria, para se criar o "ouro puro" da existência. O fogo e a água são a fonte da vida, mas ambos precisam ser respeitados e utilizados de maneira correta, porque assim como podem criar também têm o poder de destruir. O álcool, por exemplo, às vezes é chamado de "água de fogo". Se utilizado apropriadamente, é um elixir; mas, se utilizado em excesso, se torna um veneno mortal. Dentro do corpo humano, o elemento fogo é centralizado em volta do coração; o elemento água é associado com os rins. Simbolicamente, na alquimia, o fogo consome e a água purifica. Mestre Ueshiba dizia: "Todas as técnicas do Aikido se originam da interação sutil entre o fogo e a água."

Em termos físicos, as quatro almas são o céu, o fogo, a água e a terra. No Ocidente, a ordem dos quatro elementos é formulada de maneira um pouco diferente, como fogo, ar (= céu), água e terra. Na filosofia do Aikido, é ressaltada a extensão do céu e da terra, e a interação do fogo e da água entre esses dois pólos, enquanto que a filosofia grega agrupa os elementos "mais leves" e os "mais pesados". A física moderna postula os quatro elementos como sendo a gravidade, a força eletromagnética, a energia nuclear fraca e a energia nuclear forte. Em termos espirituais e psicológicos, as quatro almas da filosofia do Aikido descrevem aspectos diferentes da natureza humana:

1. *Kushi-mitama* ("alma maravilhosa") é o aspecto inteligente, profundo, misterioso e sensitivo da natureza humana. É a fonte da sabedoria, lucidez e virtude. No corpo humano, *kushi-mitama* funciona através do sistema nervoso.

2. *Ara-mitama* ("alma selvagem") é o aspecto mais rudimentar, selvagem e violento da natureza humana. É a fonte da coragem, do valor e da indústria; mas, se não for controlado e aplicado corretamente, pode ser destrutivo. No corpo humano, *ara-mitama* funciona através dos ossos, dos músculos e dos órgãos internos.

3. *Nigi-mitama* ("alma pacífica") é o aspecto tranqüilo, suave e moderado da natureza humana. É a fonte da empatia, da confiança, do respeito e da amizade. No corpo humano, *nigi-mitama* funciona através do sangue, da pele, do cérebro, dos órgãos dos sentidos e glândulas linfáticas.

4. *Sachi-* (ou *saki*) *mitama* ("alma feliz") é o aspecto otimista, brilhante e próspero da alma humana. É a fonte do amor e da compaixão. No corpo humano, *sachi-mitama* funciona através dos hormônios.

Originariamente, *ara-mitama* e *nigi-mitama* eram considerados primários. O *ara-mitama* era necessário para se obter a coragem para defender o próprio espaço, físico e psicológico, enquanto que *nigi-mitama* era necessário para restaurar a paz e a harmonia depois que o perigo desaparecesse. Dizia-se que *sachi-mitama* e *kushi-mitama* evoluíram de *nigi-mitama*. Na filosofia do Aikido, no entanto, as quatro almas estão agrupadas juntamente, e a alma mais sutil, a *kushi-mitama*, é colocada em primeiro lugar, mantendo a prioridade que o Aikido confere à bondade inata da natureza humana.

As quatro almas estão de algum modo relacionadas com os quatro humores principais do pensamento medieval ocidental, os quais pensava-se determinar a disposição e a saúde: sangüíneo (quente, passional e animado); fleugmático (no sentido positivo, significa calmo e sereno; em seu sentido negativo, inerte e apático); colérico (de temperamento agitado e irascível); e melancólico (triste, pessimista e depressivo). Enquanto que três dos humores ocidentais são essencialmente negativos, todas as quatro almas são essencialmente positivas, sendo somente o *ara-mitama* um possível criador de problemas. Entretanto, cada uma das quatro almas pode se desviar e produzir seu efeito contrário: "alma que perde a razão e o centro", "alma que provoca brigas", "alma que visa fazer o mal" e "alma que procura promover a discórdia."

Existem outros dois aspectos da alma humana dos quais Mestre Ueshiba sempre falava: "alma consciente" (*kon*) e "alma corpórea" (*haku*). (Na Cabala, essas duas entidades são conhecidas como *neshamah* e *nefesh*.) A alma consciente representa uma natureza superior da existência humana: a inteligência, a consciência, a sensibilidade espiritual e a intuição. A alma corpórea é básica na natureza, é o lugar das emoções: alegria, tristeza, raiva, medo, amor, ódio e desejo. Uma mistura da alma consciente e da alma corpórea é necessária para a existência humana — a alma pura não tem corpo — mas a filosofia do Aikido enfatiza o desenvolvimento da alma consciente: "Vitalize, anime e nutra o aspecto consciente de sua alma, e você irá tornar-se naturalmente mais espiritual."

Uma das mensagens essenciais do Mestre Ueshiba era a que as artes marciais antigas eram primariamente baseadas na natureza, centradas no medo, na agressão, na conquista e na força bruta. O Aikido, no entanto, prega a inexistência do medo, a harmonização, a paz e a força espiritual; é a ética iluminada do guerreiro da Nova Era.

Na filosofia do Aikido, a natureza também tem "quatro dimensões": o diamante, o salgueiro, o fluido e o *ki*. A física moderna descreve esses quatro como sendo: sólido, líquido, gasoso e plasma (matérias do sol e das estrelas). Em termos humanos, os quatro são: diamante (dos ossos duros), salgueiro (carne macia), fluido (circulação do sangue), e *ki* (respiração). Tecnicamente, deve-se ser, dependendo das circunstâncias, duro como o diamante, flexível como o salgueiro, suave como o fluir da água e imperceptível, mas presente como a respiração.

Ki (*ch'i* em chinês) é a energia vital, o campo energético que faz com que o mundo exista. *Ki* não é fácil de se definir — mesmo os grandes sábios chineses como Mêncio (c. 380–289 a.C.) admitia que o conceito carecia de uma explicação precisa: "não se trata de um 'o quê', mas de algo indescritível" — era uma descrição não-específica comum —, mas existem aqui algumas possibilidades: "espírito", "respiração", "energia vital", "força vivificante", "energia cósmica", "essência etérea". O *ki* também foi relacionado com o *prana* (filosofia hindu), com o *pneuma* (grego) com o *ruah* (cabala).

No nível individual, o *ki* funciona como respiração, energia e a aura humana. No nível cósmico, o *ki* se manifesta como ar, vapor e energia vital. Ko Hung declarou que um ser humano está compreendido dentro do movimento eterno do fluxo do *ki*, e ao mesmo tempo possui seu próprio oceano interno de *ki*. A meta tanto da prática do taoísmo quanto do Aikido é unir esses dois tipos de *ki*.

Eu gostaria de relatar aqui uma experiência pessoal da interação entre o *ki* cósmico e o individual.

Durante meu treinamento no Japão, passei um longo período, que durou por vários anos, sentando-me regularmente na meditação matinal ao ar livre, sob o beiral do telhado de um antigo templo. O estilo da meditação era para ser Zen, mas logo se tornou mais uma prática habitual taoísta/Aikido. Eu me sentia mergulhado na natureza, respirando com o cosmo e intimamente conectado com a existência do *ki* ao meu redor. O ano no Japão é tradicionalmente dividido em vinte e quatro períodos de *ki*, e eu passei por todos eles, gradualmente aprendendo a sentir (e a apreciar) as mudanças sutis que cada dia trazia. Finalmente acabei entendendo o ditado Zen:

> Sento-me calmamente sem fazer nada.
> A primavera chega e a grama cresce.

Os 24 períodos do *ki* são:

1. Solstício de inverno	22 de dezembro
2. Pequeno frio	6 de janeiro
3. Grande frio	20 de janeiro
4. Início da primavera	4 de fevereiro
5. Águas de chuva	19 de fevereiro
6. Despertar das criaturas hibernadas	6 de março
7. Equinócio da primavera	21 de março
8. Brilho claro	5 de abril
9. Grande chuva	21 de abril
10. Início do verão	6 de maio
11. Pequena plenitude de grãos	22 de maio
12. Grão na espiga	6 de junho
13. Solstício de verão	22 de junho
14. Pequeno calor	8 de julho
15. Grande calor	23 de julho
16. Início do outono	2 de agosto
17. Fim do calor	24 de agosto
18. Orvalho branco	8 de setembro
19. Equinócio de outono	23 de setembro
20. Orvalho frio	9 de outubro
21. Precipitação de geada	24 de outubro
22. Início do inverno	8 de novembro
23. Pequena neve	23 de novembro
24. Grande neve	8 de dezembro

Bem mais tarde, passei seis meses no Havaí, onde eu nadava no mar todos os dias. No Havaí, as mudanças climáticas não são tão drásticas — na verdade, a maioria das pessoas, incluindo eu mesmo no início, acha que não existe mesmo nenhuma mudança climática — mas, cada dia na praia era bastante diferente um do outro — a temperatura, a maré, as ondas, a brisa, a cor das águas, a refração das luzes do sol, a densidade das nuvens que passavam. Essa meditação da natureza era mais ativa e, a energia do *ki* mais direta e poderosa, mas aqui, também, eu às vezes parava de existir e começava a ser.

Mestre Ueshiba fez uma distinção entre as duas formas de *ki*:

> Existem dois tipos de *ki*: o *ki* habitual e o *ki* verdadeiro. *Ki* habitual é mais bruto e pesado, *ki* verdadeiro é leve e versátil. Para se apresentar bem, você tem que se liberar do seu *ki* habitual e cobrir seus órgãos com o *ki* verdadeiro. A força reside onde o seu *ki* está concentrado e estável; confusão e malícia aparecem quando o *ki* se encontra estagnado.

Tecnicamente, o *aiki* é usado para que nos harmonizemos, tanto mental quanto fisicamente, com um ataque, já que ataques ocorrem tanto no nível mental quanto no físico (com a intenção de atacar precedendo o ato em si). No Aikido nós treinamos para pressentir a agressão e então redirigir o ataque por meio de um dos nove pilares que mencionei no Capítulo 1. Fora do tatami nós também tentamos estar atentos aos possíveis conflitos e, se algo aparecer, tentamos neutralizá-lo — normalmente por meio de palavras, mas também pela linguagem corporal e pela atitude geral. No *dojô*, fazemos grande esforço em manter uma postura ereta, cheia de *ki* e balanceada, que não pende nem para a direita nem para a esquerda. Na vida diária, essa seria a atitude centrada que evita a tendência ao desequilíbrio.

Se os dois caracteres forem invertidos, teremos *kiai*, um estado tão repleto de *ki* que tem que ser expressado como um vigoroso grito. Adeptos como o Mestre Ueshiba podem na verdade, até derrubar pessoas com seus *kiai*. Existe uma passagem muito interessante que diz respeito a Jesus usando o *kiai* (João 18: 3-6). Um bando de soldados acompanhado por um grupo dos principais sacerdotes e dos fariseus vieram para prender Jesus. Ele disse a eles: — A quem procurais? — Responderam: — Jesus de Nazaré. — Quando Jesus lhes disse: — Eu sou ele! — seu *kiai* derrubou todos para trás e eles caíram no chão, amontoados uns sobre os outros (João 18:3-6). Num outro incidente (Lucas 4: 30), Jesus escapou milagrosamente de um linchamento, e por isso, esses dois incidentes significam que ele poderia ter escapado, usando os princípios do Aikido, se ele quisesse; na verdade, Jesus se rendeu voluntariamente aos soldados assustados quando acordaram, dizendo a Pedro — "Deixarei eu de beber o cálice que o Pai me deu?" ("Eu sou ele" também pode ser interpretado como "Aqui estou eu!" Essa foi a expressão usada por Abraão e Moisés quando eles falaram com Deus.)

Apesar de normalmente associarmos *kiai* com gritos ensurdecedores, *kiai* pode ser silencioso e também poderoso. Meu professor de caligrafia japonesa era uma mulher bem franzina, da metade do meu tamanho, e nada robusta fisicamente, já que estava numa constante batalha contra um câncer de mama. No entanto, seu *kiai* silencioso — "energia totalmente manifestada" — era tão forte que ela conseguia imobilizar a minha mão com um leve toque, para me guiar e não me deixar ir pelo caminho errado quando ela me ajudava com minhas pinceladas. (Ela também me surpreendia constantemente com comentários exatos na hora exata como, "Você está com fome?" ou "Você recebeu alguma notícia boa?")

Os "Três Fundamentos" são as pedras que constroem o Universo: o triângulo, o círculo e o quadrado. O triângulo representa a geração de energias e é a mais estável postura física. Representa as diferentes trindades que formam nosso Universo, incluindo:

céu, terra, humanidade
corpo, mente, espírito
ser, consciência, êxtase
homem, mulher, criança

nascimento, vida, morte
verdade, bondade, beleza
animal, vegetal, mineral
passado, presente, futuro
Brama, Vishnu, Shiva
Sarasvati, Lakshmi, Kali
Ame no Minaka Nushi, Takami Musubi no Kami, Kami Musubi no Kami

(A última tríade é a das divindades xintoístas da criação. Os nomes longos com sons semelhantes são um pouco desencorajadores, mas, na essência, as três divindades podem ser explicadas como central, mais e menos. O significado do nome Ame no Minaka Nushi é "Senhor Deus do Centro do Céu". Essa importante divindade é tanto inerente como transcendente, a totalidade da criação, o coração do ser. Ame no Minaka Nushi é o centro do cosmo. Como os princípios mais fundamentais, Ame no Minaka Nushi é difícil de se descrever, e na verdade só é mencionado uma vez no *Kojiki*, a crônica japonesa da criação — ele se situa simplesmente além das palavras. Os "próximos" dois deuses manifestam aspectos mais particulares: Takami Musubi no Kami, "A Augusta Divindade do Crescimento", é um símbolo (masculino) da força centrípeta, o elemento do fogo, e aquilo que se expande, aumenta, exala e diversifica; Kami Musubi no Kami "Divina e Augusta Divindade do Crescimento", é um símbolo (feminino) da força centrífuga, o elemento água, aquilo que se contrai, absorve, inala e unifica. Todas essas coisas podem ser experimentadas pelos seres humanos, e as duas divindades ainda são um outro meio de se representar a interação cósmica do *yin* e do *yang*, fogo e água, vazio e forma.)

Retornando ao segundo dos três fundamentos, o círculo simboliza a serenidade e a perfeição, a fonte ilimitada das técnicas. Representa o princípio da flexibilidade e da agilidade. Um círculo com um ponto no centro representa resolução, harmonia de todas as polaridades e a revolução contínua.

O quadrado é o símbolo de solidez, a base do uso do controle. Representa a totalidade, permanência, estabilidade e honestidade.

Os oito poderes são as forças complementares que incorporam o universo:

movimento	calma
soltura	solidificação
contração	expansão
unificação	divisão

Na filosofia ocidental, os oito poderes foram definidos como os quatro elementos da terra, água, ar e fogo cruzados com as quatro qualidades: frio (contração), quente (expansão), úmido (dissolução) e seco (cristalização).

Musubi é a força procriadora que transforma a natureza em vida e sustenta todas as vidas — o "Espírito Uno", "quatro almas", "três fundamentos" e "oito poderes" — juntas. *Musu* significa gerar, produzir; *bi* é "espírito, espanto, estranho poder". *Musubi* é a geração de maravilhas: a contínua unificação dos opostos, a maravilhosa união do masculino com o feminino. *Musubi* é o ciclo infinito da criação — mesmo a morte é *musubi*, uma ligação com um reino cósmico, diferente. Em termos humanos, a mãe (*mater*, em latim = matéria) se une ao pai (*pater*, em latim = modelo, arquétipo) para fazer nascer (*natus*). *Musubi* é a ciência da criação e a arte de fazer as coisas nascerem. É intrigante que na física moderna exista uma linha de pensamento que postula dez dimensões (comprimento, largura e altura como, três tríades mais o fluxo do tempo) ligadas por um fio que une todo universo. Mestre Ueshiba uma vez declarou como sendo o propósito do Aikido "promover a união de tudo".

No Aikido, temos o conceito do *ki-musubi*. Nas técnicas físicas, tentamos conseguir unir o seu *ki* com o de seu parceiro para neutralizar um ataque. Na vida cotidiana, *ki-musubi* pode ser aplicado a todos os diferentes aspectos da existência — relações humanas, interação com o ambiente, as ações de beber e comer — para uni-las em algo unificado e inteiro. Nesse sentido, *ki-musubi* quer dizer "vida criativa e integral".

Como qualquer sistema de cultura física, o Aikido promove a saúde através de alongamentos corporais, respiração profunda, desenvolvimento do *ki* e movimentos equilibrados. É até possível de praticar o Aikido como um tipo de Ioga ou Chi-Kung (sem as particularidades desnecessárias do que se deve ou não comer ou, para um homem, qual a freqüência com que ele deve ejacular). Mestre Ueshiba dizia:

> O Aikido é bom para a saúde. Ajuda você a manifestar a sua beleza interior e exterior. Forma as boas maneiras e comportamento apropriado. Quando seu *ki* estiver circulando livremente a doença não aparecerá.

O Mestre Ueshiba estava naturalmente interessado na saúde do corpo humano. Apesar de sua força sobre-humana, ele sofria de indigestão crônica e também tinha um fígado fraco, mas utilizava extensivamente o poder de seu *ki* para se sobressair a essas enfermidades. Ele próprio gostava de ser massageado à tarde, após um longo dia de treinamento, e encorajava seus seguidores a aprender o máximo possível sobre seus corpos. As imobilizações e chaves no Aikido são desenhadas para estimular as juntas, e servem como uma forma vigorosa de massagem. Existem muitos toques no Aikido, e na medicina oriental, uma "aproximação manual" é essencial para se obter a cura (similar ao sentimento expressado nos hinos cristãos: "Ele me tocou e me transformou em alguém inteiro").

Kototama ou "sons espirituais", que serão discutidos detalhadamente no próximo capítulo, têm indisputáveis propriedades curadoras. Quando o Mestre Ueshiba estava se sentindo desolado, o que era muito freqüente, ele entonaria o *kototama* SU-U-U para reavivar seu *ki*. Mantras e outros sons sagrados sempre foram considerados uma forma válida de medicina nas sociedades tradicionais por todo o mundo, e sua função está confirmada pela ciência moderna. Num experimento inesperado em 1971, no Hospital de Middlesex na Inglaterra, alguém decidiu tratar três pacientes comatosos (que estavam em coma de sessenta e três, quatorze e treze dias respectivamente), colocando fones de ouvidos neles e tocando o programa de música popular da Rádio Um da BBC. Após dois dias, todos os pacientes estavam falando pela primeira vez desde seus acidentes. Após cinco dias, todos estavam andando. Esse desenvolvimento inesperado (para cientistas modernos), deu início a pesquisas mais sistemáticas na propriedade de cura do som. Eu pessoalmente já vi a medicina *kototama* trabalhar muito bem com crianças que estavam com sérios problemas e deficiências mentais.

Também está se tornando cada vez mais claro para profissionais da saúde moderna, que sua atitude — sua identificação *aiki* com os pacientes — surte um efeito positivo. Curar é um processo de duas vias e, mesmo com a tecnologia médica mais avançada, a interação humana em conjunto com o paciente pode ser crucial. Hipócrates (c. 460–360 a.C.), pai da medicina ocidental, imaginou isto: "Existe um fluir comum, uma respiração comum, e todas as coisas estão integradas."

Entretanto, o Aikido talvez seja mais valioso como um sistema para promoção da boa saúde mental. Nossa doença mais fundamental é a ignorância, e a filosofia do Aikido nos fornece muita sabedoria para combater essa condição. Muitas outras doenças são causadas pela falta de equilíbrio em nossas vidas, e a filosofia do Aikido nos ajuda a remediar isso também. É claro que todos gostaríamos de treinar sob excelentes condições, mas o Aikido nos ensina como devemos encarar situações que estão longe de serem ideais. Vai tão longe que até nos ensina como devemos dar boas-vindas às adversidades: "O inferno é o melhor lugar para se treinar, porque ele nos faz bem mais fortes."

Também, como mencionamos acima, todos nós enfrentamos quatro desafios: a doença, a idade, a morte e a perda de entes queridos. Se você pratica Aikido, não há garantias de que você sempre estará livre de doenças, por exemplo. Você também poderá ficar muito doente fisicamente (e psicologicamente) por qualquer razão, e a filosofia do Aikido poderá ajudá-lo com a cura mental; aceitando a doença como um desafio, procurando sua fonte, trabalhando com ela, e não sendo derrotado por ela (mesmo que ela possa matá-lo). Durante anos, treinei com pessoas que sofriam de graves problemas físicos (pessoas que perderam membros do corpo, que eram cegas ou surdas, ou tinham a doença de Hodgkins, etc.) e o obstáculo primário nunca foi seu "defeito", mas sua postura. Se estivessem determinados a "obter uma vitória real" (*masakatsu*), eles poderiam usar a filosofia do Aikido para ajustar-se e adaptar-se. O medo e a preocupação podem deixá-lo mais doente do que qualquer doença física. O segredo para a boa saúde e longevidade é, de acordo com o Aikido, "ter um coração puro e poucos desejos".

O Mestre Ueshiba deixou-nos essas palavras encorajadoras:

> O Aikido é o remédio para um mundo doente. Queremos curar o mundo da doença da violência, insatisfação e discórdia — esse é o Caminho do *aiki*. Existem o mal e a desordem no mundo porque as pessoas se esqueceram de que todas as coisas emanam de uma só fonte. Retorne a essa fonte e deixe para trás todos os pensamentos egoístas, desejos sem importância e a raiva.

3

Aikido e Tantra

Tantra — a antiga ciência da percepção e a arte de viver — é um sistema eclético que existe, de alguma forma, em quase todas as culturas, no entanto, é mais freqüentemente identificado com o pensamento indiano, chinês e tibetano. O Aikido também é uma filosofia de bases bem amplas:

> O Aikido tem espaço para todos os oito milhões de deuses do mundo, e eu coopero com todos eles. O Grande Espírito de *aiki* abraça a tudo que é divino e iluminado em todos os locais.

O Tantra ensina que o ser humano é um microcosmo do universo: "Aquele que descobrir a verdade do corpo descobrirá a verdade do universo. O que está aqui está lá; o que não está aqui, não está em lugar nenhum." Essa reflexão se encontra no coração da filosofia do Aikido. Mestre Ueshiba, que foi iniciado no budismo de Shingon (a forma japonesa de tantra) quando jovem, corajosamente declarou após sua iluminação: "Eu sou o Universo!" Ele também disse:

> Cada um de nós é um universo em miniatura, um santuário vivo.

> Se você tem a vida em você, você tem acesso aos segredos dos tempos, porque a verdade do universo reside em cada um dos seres humanos. Todos os princípios do céu e da terra estão vivos dentro de você.
>
> O coração de um ser humano não é diferente da alma do céu e da terra. Em seu treinamento, sempre mantenha a mente centrada na interação do céu e da terra, da água e do fogo do *yin* e do *yang*.

Um dos significados de Tantra é "tecer". Nesse sentido, a palavra chega bem perto do conceito do Aikido de *musubi*, "o processo de conectar-se às coisas". No Tantra, nada é negligenciado ou negado; tudo é aceito, mas desde que transformado em alguma coisa significativa e completa. Igualmente no Aikido nós aprendemos a lidar com todo tipo de ataque possível (físico e mental), e a transformá-lo em uma experiência positiva. O caminho tântrico para a compreensão é mais curto e mais rápido do que os caminhos convencionais, mas mais árduo e perigoso — a tentativa de transmutar paixões básicas em iluminação é como andar no fio de uma navalha afiada. Como no Aikido — que aplica as técnicas de artes marciais que podem ser fatais se utilizadas brutalmente — a falta de disciplina própria e o menor desvio da aplicação correta podem ocasionar graves conseqüências.

Tanto o Caminho do Aikido quanto o Caminho do Tantra, ambos se iniciam com a ação, na forma de técnicas físicas e mentais. Durante o treinamento, deve se estar devotadamente atento aos ensinamentos e aos professores. Visões parciais, limitadas e secundárias devem ser abandonadas, juntamente com as costumeiras críticas, a fim de que possa se concentrar na mensagem essencial contida nas técnicas. Num sentido mais estrito, Tantra significa "técnica eficiente", e seu foco primário é a unificação ou a síntese do corpo, mente e fala. No Aikido, os exercícios individuais de aquecimento, seqüências executadas com espadas e com bastão de madeira e técnicas executadas com um adversário são *asana*, posturas de yoga, utilizadas para se desenvolver o corpo. O corpo é tudo o que nós realmente possuímos e tudo o que precisamos possuir. Como o ensinamento de Buda:

> Neste corpo de um metro e oitenta com suas impressões dos sentidos, e seus pensamentos e idéias, são o mundo, a origem do mundo, e o cessar do mundo e o Caminho que leva à liberação.

O Mestre Ueshiba dizia:

> As pessoas não precisam de casa, dinheiro, poder, ou status para praticar o Aikido. O céu é bem aqui onde você está, e esse é o local para se treinar. Faça de si mesmo uma imagem viva de Buda.

Existe uma poderosa técnica de visualização utilizada pelos judeus hassídicos para transformar o corpo numa imagem divina:

> Aja corretamente, e você será como a mão direita de Deus;
> evite o mal, e você será como a mão esquerda de Deus;
> não olhe para a feiúra, e você terá os olhos de Deus;
> não dê ouvidos às mentiras, e você terá os ouvidos de Deus;
> não sinta o cheiro da podridão, e você terá o nariz de Deus;
> não fale mal dos outros, e você terá a boca de Deus;
> ame toda a criação, e você terá o coração de Deus.

As posturas formais assumidas nos treinos, chamadas *mudra* no Tantra e *kamae* no Aikido, têm a intenção de moldar um estado de espírito apropriado. A postura básica do Aikido — pés numa base triangular, espinha ereta, dedos carregados de *ki*, cabeça centrada, olhos não focados em nada em particular, mas englobando uma visão ampla e completa de tudo — é forte, flexível e receptiva. Com tal atitude, os ensinamentos podem ser assimilados mais facilmente.

Tanto no Aikido como no Tantra, o corpo precisa ser um canal perfeito. Para se sentir e compreender o mundo apropriadamente, os seis órgãos dos sentidos (olhos, ouvidos, nariz, língua, corpo e mente) têm que estar limpos e puros. Mestre Ueshiba dizia:

> Se os sentidos estão obstruídos, a percepção estará interrompida. Quanto mais interrompida, mais contaminados os sentidos se tornarão. Liberte os seis sentidos e deixe-os funcionar sem obstrução, e seu corpo todo brilhará.

Mestre Ueshiba também recomendava a purificação das cinco vísceras (coração, pulmões, fígado, baço e rins) e dos seis órgãos internos (estômago, intestino grosso, intestino delgado, vesícula biliar, vesícula urinária e *sansho* [um conjunto de órgãos "flutuantes" sem equivalente na medicina ocidental]).

No Aikido, tal purificação é obtida através de *misogi* e exercícios respiratórios de *kokyu-ho*. *Misogi* sugere limpeza, purificação e renovação. É uma combinação de batismo — de "nascer novamente", "purificar-se dos pecados", "iniciação" — e ser ungido — "consagrado", "abençoado", ou "cheio de graça divina". Mestre Ueshiba dizia:

> *Misogi* é uma lavagem de toda a sujeira, uma remoção de todos os obstáculos, a separação da desordem, uma abstenção de pensamentos negativos, um estado radiante de simples pureza.

Misogi do corpo envolve limpeza com água. O *misogi* formal acontece no oceano, na junção de duas correntezas, ou debaixo de uma cachoeira, mas o simples ato de limpar a sujeira e a imundície do corpo com água também é *misogi*, como também é o suar as impurezas e toxinas num banho de vapor ou durante um vigoroso exercício. Após o corpo estar limpo, aquecido e relaxado, a mente pode ser preparada.

Misogi da mente requer a separação dos pensamentos negativos, maliciosos e sem importância. Daí, técnicas de visualização podem ser utilizadas para criar um estado de espírito apropriado. A visualização tântrica pode ser muito complexa, envolvendo às vezes uma pequena recriação do cosmo, mas no Aikido, a técnica é pura e simples. Aqui estão as instruções de Mestre Ueshiba:

> Sente-se confortavelmente e primeiro contemple a manifestação do reino da existência. Esse reino está relacionado com coisas externas, a forma física das coisas. Em seguida, encha o seu corpo com *ki*, e sinta a maneira com que o universo funciona — sua forma, sua cor e suas vibrações. Respire e deixe-se levar até os confins do universo; espire e traga o cosmo de volta para dentro de si. Inspire toda a fecundidade e a vibração da terra. Então, incorpore a respiração do céu e a respiração da terra juntamente com a sua, tornando-se a respiração da própria vida. Ao acalmar-se, deixe-se naturalmente acomodar no coração das coisas. Encontre seu centro e encha-se de luz e calor. Mantenha sua mente brilhante e limpa como a vastidão do céu, profunda como o alto-mar, e majestosa como a montanha mais alta.

No Aikido, a visualização normalmente é centralizada no mundo natural. É claro que o tema exato da visualização depende do meio em que cada um vive. Mestre Ueshiba vivia no Japão, uma ilha montanhosa, mas se ele tivesse nascido no Arizona, por exemplo, a imagem ideal teria sido: "Mantenha sua mente como o brilho do sol poente, a imensidão infindável do deserto e radiante como as rochas vermelhas."

Esse tipo de visualização é chamada de *chinkon* (acalmar-se) *-kishin* (retornar à fonte). Na meditação, deve-se primeiro acalmar-se e ajeitar-se para retornar à fonte, para emergir com o Tao. (A palavra em hebraico *teshuvah* é usualmente traduzida como "arrependimento", mas seu verdadeiro significado é "retornar à fonte". Já que todos nós somos facilmente alienados da essência divina, a Cabala ensina que todos nós precisamos de técnicas de meditação e visualização para sermos trazidos novamente ao centro. Mestre Ueshiba dizia que vinte minutos é um bom tempo para o *chinkon*, e que *kishin* poderia durar até quarenta minutos. Entretanto, *chinkon-kishin* deveria ser um processo natural de assimilação em repouso, e não deveria ser medido com rigor.

Mestre Ueshiba mencionava um outro tipo de meditação, a qual chamava de *odo no kamuwaza*. Ele dizia que *odo* dava a idéia de se estar "colocado no vazio". (*Kamuwaza* significa "técnicas divinas".) Isso é similar ao *koan zen*, pois como pode-se estar em algo que não existe? Talvez *odo no kamuwaza* seja um estado natural de tolerância na fonte, livre (vazio) de esforço consciente. Nesse estado, técnicas extraordinárias surgem espontaneamente, mesmo que se esteja em pé, sentado, se movendo ou dormindo.

Essencialmente, *misogi* do corpo e mente tem como propósito lavar as diferenças — entre fora e dentro, entre corpo e mente, entre o eu e os outros, entre forma e vazio. *Misogi* também deve ser utilizado para remover os obstáculos tanto físicos como os psicológicos que bloqueiam o caminho, para aumentar a percepção pura, e para tornar as pessoas inteiras e completas.

Técnicas de respiração (*kokyu-ho*; conhecidas como *pranayama* na yoga) são dirigidas mais para a limpeza dos órgãos internos. Inalações profundas enchem o corpo com *ki* puro e expirações profundas expelem ambas as toxinas físicas e mentais. *Kiai* foi mencionado no capítulo anterior como uma poderosa explosão de energia, mas também pode ser utilizado como uma técnica de purificação. No Aikido existe uma técnica conhecida como *happo-giri*, ou "espada que corta em oito direções". Cada corte — que pode ser executado com uma lâmina cortante, uma espada de madeira ou com uma faca — é acompanhado por um explosivo *kiai* que deveria emanar das profundezas do ser. Tudo o que é fonte de ódio, descontentamento, ou *stress* — tudo que lhe segura, prende — deve ser veementemente expelido com um grito bem alto. (A abordagem não está muito longe de uma cena comum na pintura medieval ocidental: o demônio sendo forçado a sair de uma alma atormentada através da boca durante um exorcismo.)

Na verdade, sempre estamos executando *kiai* simplesmente ao respirarmos: a inalação (em japonês, *su*; em sânscrito, *sah*) e a expiração (*haku*; *ham*) formam *suhaku* (*soham*), o mantra que significa "Eu sou ISSO!". Ou, em termos de Aikido: "Eu sou o Universo!" Nossa respiração individual é parte da respiração universal. A respiração está sempre conosco, quando dormimos ou estamos acordados, e ela nos liga — e mantém nossa existência e nos renova — ao cosmo.

Nesse contexto, o Mestre Ueshiba sempre falava de *aun no kokyu*. *Aun* é o equivalente japonês de *Om*, o som mais importante de todo o sistema da Yoga e do Tantra. *Om* é, na essência, o mantra supremo que cobre toda a esfera dos sons. Composto dos sons A-U-M, *Om* reflete a ordem cósmica da criação, sustento e destruição; masculino, feminino e neutro; passado, presente e futuro; o estado de vigília, o de dormir e o estado de sonho. No Aikido, *aun no kokyu* quer dizer "inspirar tudo"; em outras palavras, viver completa e totalmente no presente. *Aun no kokyu*, é a respiração dinâmica que energiza todas as diferentes formas de *kiai*.

Cada *kiai* é um tipo de *kototama* ("espírito da palavra"). Como no Tantra, o Aikido tem uma ciência especial dos sons. O aspecto esotérico do *kototama* emprega uma variedade de melodias e entonações esotéricas e encantamentos. Eles foram apresentados no livro *A Essência do Aikido,* mas a explanação seguinte é uma descrição que liga o *kototama* da existência — A, O, U, E, I — ao *chakra* tântrico no corpo humano.

Chakra são os "pontos das junções de energia vital" localizados no corpo humano. O número de *chakras* varia entre quatro e doze, nos diferentes sistemas. O Aikido distingue quatro *chakras,* que se localizam na cabeça, na garganta, no coração e no umbigo (na parte inferior do corpo). Esses quatro pontos são comuns em todas as escolas de Tantra, e correspondem ao cérebro, aos pulmões, ao coração, e ao estômago. O *chakra* da cabeça é a fonte da percepção, o *chakra* da garganta é a fonte dos sons confortantes, calmantes, o *chakra* do coração é a fonte dos sentimentos de amor, e o *chakra* da barriga, é a fonte da energia vital. O *chakra* da cabeça (*ajna* em sânscrito) é centralizado na testa, onde, conforme a iconografia asiática, se encontra o "terceiro olho". Antes mesmo que qualquer som seja emitido, sua imagem inicial surge das profundezas da consciência. Esse "quase som" se torna gradualmente a sílaba raiz A, simbolizando o início de todas as coisas, ativada pelo *chakra* da garganta (*visuddha*). O *kototama* seguinte, representando o fluir incessante, a infinidade e a perfeição, emana do *chakra* do coração (*anahata*). O *kototama* U, som do nascimento e da criação, ressoa das profundezas da barriga, do chakra do plexo solar (*manipura*). O corpo então se enche com o *kototama* E, que desabrocha para fora, vivificando nossos membros. O *kototama* I, respiração vital, irradia por cada poro, criando um campo vibrante de energia.

Esse tipo de exercício de *kototama* é elaborado para energizar e curar o corpo, aumentar a percepção das pessoas quanto ao poder do som, e harmonizar as pessoas com as vibrações cósmicas que mantêm a existência do mundo. Por meio desse tipo de prática, acredita-se que o *kototama* eventualmente irá se manifestar. Isso ocorre quando o que você diz, o que você pensa e o que você é surgem como uma coisa só. (Sendo isso Tantra, a maior parte disso está além das palavras e não pode ser "explicada". Entretanto, pode ser sentida intuitivamente por meio da prática que é aumentada pelo *kuden*, ou "instrução pessoal de coração para coração, vinda de um professor experiente".)

Enquanto que os aspectos esotéricos do *kototama* são intrigantes, devemos estar igualmente atentos aos aspectos exotéricos do *kototama*: "palavras gentis e falar suave". Palavras são armas. O Talmude diz: "Envergonhar alguém em público é semelhante a morte." Ghandi escreveu: "Uma palavra má pode ser mais perigosa do que a própria violência do momento." De fato, a maioria de nós já se magoou profundamente mais vezes com coisas que alguém nos disse do que com um soco no nariz ou um tapa no rosto. Normalmente é mais fácil de se recuperar de um soco no nariz do que quando nos ferem com palavras. Se realmente entendermos o *kototama* aprenderemos a escolher nossas palavras com mais cuidado e mais consideração.

Mestre Ueshiba era famoso por seu temperamento explosivo e furioso. Mas mesmo seus sermões podem ser considerados como "palavras gentis e fala mansa", já que nenhuma pessoa cuja atenção houvesse sido chamada em público pelo Mestre se esqueceu ou cometeu o mesmo erro novamente e, desse modo, acabou aprendendo uma valiosa lição. No entanto, quando o Mestre Ueshiba falava sobre a filosofia do Aikido, sua voz estava calma e ele estava sempre sorrindo. No início dos treinos, Sensei Shirata falava de maneira leve e suave por uns dez ou quinze minutos sobre a filosofia do Aikido. Essas pequenas palestras eram tão importantes quanto o incrivelmente poderoso *kototama-kiai* que ele veio a nos ensinar mais tarde. (Como a maioria dos grandes mestres, nem Morihei Ueshiba, nem Rinjiro Shirata escreveram muito sobre si mesmos. Depende dos discípulos escutar atentamente, aprender com o que o mestre está dizendo, e então transmitir fielmente os ensinamentos. Esse tipo de instrução oral, outro aspecto do *kototama*, é muito importante em toda tradição espiritual. Sutras budistas, por exemplo, começam com a frase: "Dessa maneira eu ouvi dizer." É claro que cada discípulo ouve as coisas de maneiras diferentes, baseadas em seu próprio nível de experiência e compreensão, o que explica por que sempre existem tantas diversidades nas interpretações de cada tradição espiritual, mesmo que os ensinamentos venham da mesma fonte.)

No último seminário que deu, Sensei Shirata assistia um dos alunos executando uma técnica. No final, ele disse com um sorriso, "*Yoroshii*", que quer dizer, "Muito bem!", mas aqui nesse caso também funciona como um *kototama* que diz: "Que bom que você pratica o Aikido e está dando o melhor de si!" O melhor *kototama* é uma grande risada — o som mais prazeroso de todos. Eu tenho um CD de música tradicional havaiana que contém uma pequena faixa dos músicos (Richard Hoopi'i e Ledward Kalapana) rindo. Durante a sessão de gravação, eles cometeram um erro bobo e explodiram em risos. O produtor sabiamente incluiu esse segmento no final do CD. Suas risadas harmônicas e melódicas são doces *kototamas*, num exato tom que anima a todos que a ouvem.

Falando em *kototama* musical, esta é uma história instrutiva. Após as reformas do Vaticano por volta dos anos de 1960, um grupo de monges beneditinos franceses ficou gravemente doente, não muito depois de ter sido instruídos a "modernizar" sua rotina de orações e abandonar seus antigos cantos em latim. A eles foram dadas melhores refeições e mais tempo para descanso, mas isso ainda não os fazia se sentir bem. Finalmente, o abade permitiu que os monges voltassem ao seu antigo esquema e os deixou conduzir o ofício diário em canto gregoriano. Todos foram curados em nove meses. (A beleza e propriedade de cura do canto agora é reconhecida por todo o mundo.)

Um conceito tântrico importante no Aikido é o das jóias vermelhas e brancas. Em relação ao corpo humano, pode-se dizer que as jóias representam os óvulos vermelhos da mãe e o esperma branco do pai. A conjunção dessas jóias dá origem à vida, com a jóia vermelha se transformando em órgãos internos, a carne, a pele, e a jóia branca formando os ossos e o tutano. Além disso, o sangue deve manter um certo equilíbrio entre as células sangüíneas brancas e vermelhas para ser saudável. No nível da mente, o vermelho e o branco representam os dois grandes princípios: feminino e masculino, *yin* e *yang*, água e fogo. A união do masculino e do feminino dá origem ao mundo. Em termos de alquimia tântrica, o mercúrio (jóia branca) é interpretado como o esperma de Shiva e o enxofre (jóia vermelha) é tido como a secreção vaginal orgásmica de Parvati. O mercúrio é muito instável e tóxico para ser usado só; porque o processo da alquimia para se obter o mercúrio branco masculino deve ser unido com o enxofre vermelho feminino.

O Aikido também segue essa mesma crença tântrica na qual, além das jóias vermelha e branca, uma terceira jóia é necessária para a concepção: uma alma consciente. No budismo e no hinduísmo, a alma consciente existe e funciona dentro do contexto da transmigração. No Aikido e na Cabala, a alma consciente deve ser "chamada" ou "invocada" de um reino superior. Em qualquer dos casos, o "espírito direto" (Aikido) ou a "centelha divina" (Cabala) está presente na concepção. Daí em diante, o corpo vai gradativamente sendo criado, formado, e então "feito à imagem de Deus" no nascimento: um ser humano completo, com um destino a ser cumprido.

O Tantra quase sempre é identificado exclusivamente como a prática sexual de unir o masculino com o feminino. Essa é uma concepção muito injusta, pois existe muito mais no Tantra do que sexo. Tantra envolve os sentidos, e sexo é uma área rica para a exploração da verdade tântrica, mas o sexo tântrico não é para o sensualista. O Tantra requer disciplina, tolerância e confiança. Sexo é um caminho filosófico válido. Pitágoras, a quem mencionamos com freqüência, se apaixonou por Theano, uma de suas pupilas. Seu caso amoroso se tornou um escândalo, mas Theano chegou a ser uma grande filósofa por si só, inocentando seu mentor/amante — e Pitágoras conseguiu seu objetivo que era o de fazer com que seus alunos fossem pensadores independentes. Harmonização sexual também é importante no Aikido — nos manuais chineses de sexo, os caracteres de *aiki* são usados para se referir a uma experiência sexual elementar do masculino e do feminino completamente integrados, em puro êxtase.

Sexo *aiki* busca a eliminação do antagonismo masculino-feminino — um casal deve aprender a proteger e a defender um ao outro — e a harmonização de todos os princípios opostos: positivo e negativo, energia dinâmica e energia receptiva, alma individual e alma universal, espaço e tempo, fogo e água e samsara e nirvana. Uma vez que um casal se une plenamente — progredindo da excitação através da união, consumação e transcendência — existe uma troca contínua de *aiki*. Dessa deliciosa e sagrada união do masculino com o feminino surge a sabedoria pura, uma sabedoria que explica a natureza de todas as coisas. Na língua inglesa, falamos de "conhecimento carnal" (*carnal knowledge*) de maneira corriqueira, mas na verdade os seres humanos podem realmente vir a conhecer uns aos outros (e a si mesmos também) quando fazem amor — nos níveis mais elevados, pode até vir a ser um conhecimento como nunca experimentado antes.

Onisaburo Deguchi (1871–1947), o guru Omoto-kyo do Mestre Ueshiba, escreveu:

> Todas as religiões são baseadas no amor, o amor entre um homem e uma mulher.
>
> Todos, mesmo o maior dos santos, veio a esse mundo através dum ato sexual. Sexo é nossa natureza desde o nascimento até a morte. O pensamento em si se origina dessa união dos dois. A combinação harmoniosa do masculino com o feminino faz nascer o céu e a terra. A verdadeira forma do céu e da terra é um casal numa união extática.

> O sexo faz com que seja possível aos seres humanos gozar uma eterna primavera. Se você não se mantém jovem no seu coração, você não pode entrar no paraíso. Com respeito ao sexo, um ser humano deveria sempre imaginar a si mesmo como sendo uma pessoa vigorosa de trinta anos de idade, no auge da vida.

Onisaburo dava muita importância ao fato de que cada sexo possui atributos do outro, e que não é bom superestimar a polaridade do masculino e do feminino. (O próprio Onisaburo disse que era um espírito feminino num corpo masculino.) Na mesma linha, algumas seitas taoístas executam rituais de iniciação de "mútua integração". Os parceiros masculino e feminino dançam lentamente, se alternando entre o papel de ativo e passivo, refletindo sua crença de que ambos os sexos possuem várias qualidades iguais entre si.

Como no tantra, a filosofia do Aikido considera cada ação como tendo três dimensões: o manifesto, o oculto e o divino (algumas vezes elas são colocadas como externo, interno e essencial). A forma manifesta de uma técnica de Aikido é a execução física: postura, contato e movimento do corpo. A forma oculta da técnica é sentida na antecipação de um ataque através da intuição, direção em que a energia do *ki* irá fluir, e controle mental ao invés do controle físico. A terceira dimensão é mais difícil de se descrever. Essa é a dimensão que liga a técnica a um patamar "mais elevado". Por exemplo, na execução de imobilização de *ikkyo* (número um) — talvez a técnica de Aikido mais fundamental — os movimentos do corpo são simples e precisos (manifestos), mas o ataque deve ser bloqueado no momento exato, e a força atacante deve ser suavemente desviada sem hesitação (oculto). A dimensão divina, ou essencial, está no controle perfeito — tanto o autocontrole como o controle da situação — que se fizer necessário. O controle perfeito é muito difícil de se alcançar, e essa é a razão da dificuldade de se executar o *ikkyo* perfeitamente — em outras palavras, a técnica mais simples também é a mais difícil.

As três dimensões também podem ser expressas em termos literais, alegóricos e místicos. Esses termos deixam mais claras as relações com as artes — especialmente contar histórias, literatura e poesia.

A vida humana também possui três níveis de significado. A forma manifesta é nossa existência externa: nascido aqui, vivido lá e morrido naquele outro lugar. A forma oculta seria a nossa vida interior de imaginação, sonhos e prazeres mentais (e a dor). A forma divina seria nosso maior propósito. Mestre Ueshiba costumava dizer:

> Todos possuem um espírito que pode ser aprimorado, um corpo que pode ser de alguma forma treinado e um determinado caminho a ser seguido. Você está aqui para o único propósito de conhecer sua divindade interior e manifestar sua iluminação inata.

Como mencionei anteriormente, o Mestre Ueshiba dizia que o aparecimento das jóias vermelha e branca dava origem a uma terceira jóia, a jóia da consciência pura. O desenvolver da consciência pura é a *raison d'être* de todo o treinamento do Aikido e do Tantra. Essa consciência advém do vazio (*Ku*):

> Se você não consegue
> Ligar-se
> Ao verdadeiro vazio,
> Nunca compreenderá
> A todas as dimensões do Aikido.

O Mestre Ueshiba chamava a manifestação física do verdadeiro vazio de *sumikiri*, "perfeita clareza do corpo e da mente". Esse estado de exaltação, pertence a um reino diferente — o reino dos *siddhas* (mestres completos) que possuem poderes aparentemente milagrosos. Mestre Ueshiba foi um *siddha* e concebia a grande visão tântrica do sétimo Dalai Lama (1708–1757):

> Sinta o seu corpo como o templo de um deus.
> Veja o mundo como um lugar sagrado.
> Ouça todos os sons como uma música mística.
> Pense como um Buda de alegria.

4

Aikido e Arte

Onisaburo Deguchi ensinou o Mestre Ueshiba que "a arte é a mãe da religião" e que "Deus é o artista primordial". (Um dos significados da palavra grega *kosmos* é "ornamento".) Kukai (774–836), fundador do budismo Shingon no Japão, escreveu: "A verdade eterna transcende a cor, mas somente através da cor é que ela pode ser compreendida. A arte é o que nos revela o estado de perfeição." O místico medieval alemão Meister Eckhart (1260–1327), escreveu: "Arte é religião, religião é arte, apesar de não estarem relacionadas, são a mesma coisa." No Islã diz-se que "Deus é belo e ama a beleza". O mestre hassídico Reb Elimelekh (1717–1786) ensinava que: "Quando vemos algo belo, ou comemos algo delicioso, devemos estar atentos de que tanto a beleza como o sabor são o próprio Deus." André Malraux (1901–1976) disse: "Cada obra-prima é uma purificação do mundo."

O próprio Onisaburo foi um dos artistas mais versáteis do século XX. Ele compunha hinos, canções folclóricas, canções de amor e até algumas valsas e tangos. Ele atuou em peças teatrais e filmes que escreveu e dirigiu, além de ser um excelente desenhista de figurino. (Ele era o melhor, e certamente o homem que se vestia mais criativamente no Japão durante sua época. Onisaburo não tecia — essa era uma das artes que ele não sabia — mas sua esposa Sumiko e filha Naohi teciam, criando o estilo *Tsuruyama kusaki-zome* de tecer, colorido com tinturas naturais feitas com agulhas de pinho, urtigas, flores de pessegueiro, crisântemos, berinjela e tomate, com água mineral de um vale perto do monte Tsuru.) Ele também fazia esculturas, mas sua verdadeira excelência era nas artes tradicionais japonesas como, compor poesias, caligrafia, pintura e trabalhar com cerâmica.

Uma vez, Onisaburo disse que a coisa mais bela na criação era o corpo de uma mulher, que ele descreveu assim:

> Uma coisa extraordinária, que possui montanhas, colinas, vales e uma fenda profunda, circundada por um campo de grama macia.

A próxima coisa mais bela era o corpo de um homem. E a terceira era o corpo de um garanhão.

Este é um poema típico de Onisaburo:

> Quando você ouve silenciosamente
> O som do
> Murmúrio de um riacho,
> Você estará ouvindo
> O sussurro de Deus.

Onisaburo pincelou milhares de peças de caligrafia e centenas de pinturas para seus amigos e seguidores. Seu trabalho com o pincel era espontâneo, dinâmico e de estilo livre. Uma vez, acidentalmente ele derramou tinta sobre o papel que iria usar e, sem perder tempo, ele jogou água sobre o papel, puxou para os lados para espalhar a mistura e criar uma lua nublada, cercada de nuvens escuras.

No que dizia respeito à pintura, Onisaburo dizia o seguinte:

> Quando eu desenho uma paisagem, eu me imagino escalando entre as rochas e árvores. Quando desenho uma cachoeira, eu me sinto derramar no papel. Quando pinto um animal, sempre desenho o nariz primeiro, para que a criatura possa respirar. Quando desenho um rosto humano, gosto de pintar os olhos como se eles estivessem enxergando o sol nascente para que assim eles brilhem como o sol. Eu considero minhas pinturas como se fossem seres vivos.

Onisaburo dizia que você deve se perder em suas pinturas e seguir o impulso divino:

> Até o mais
> Hábil artista
> Não faz nada mais
> Do que copiar
> A divina criação.

Uma vez numa exposição de seus trabalhos, Onisaburo ouviu uma observação de um dos visitantes:

— Não posso acreditar que foi a mesma pessoa que fez todos esses diferentes tipos de pinturas!

Onisaburo disse a ele:

— Você tem razão, eu era uma pessoa diferente cada vez que eu pintava.

Isso é muito semelhante ao que o Mestre Ueshiba respondeu quando lhe pediram para gravar suas técnicas em filme: "Tudo bem; mas amanhã elas serão diferentes."

Mais tarde em sua vida, Onisaburo se dedicou à cerâmica e produziu alguns milhares de *Yowan* ("Cintilantes vasos de chá"), decorados com cores brilhantes e às vezes psicodélicas. (Os críticos brincavam dizendo que era necessário usar óculos de sol para vê-las.)

Esses recipientes para chá pareciam ter vindo de um lugar estranho — muitos deles são nomeados simplesmente "Paraíso nº 1" e assim por diante — e não são somente lindos mas úteis, pode-se tomar chá neles.

A meta da Omoto-kyo era tornar todas as tarefas diárias em obras de arte. Todos eram encorajados a ser poetas, calígrafos, dançarinos, cantores, ceramistas, costureiros, jardineiros e chefes de cozinha.

Onisaburo compôs este poema:

> Aqueles que não são
> Despertos para a
> Alegria da arte, nunca
> Farão o sonho da existência de um céu
> Na Terra se realizar!

Se alguém tinha dificuldade para acreditar no divino, Onisaburo dizia a ele:

> Olhe para uma flor. Como é linda e colorida. Como é perfumada. Quantos tipos diferentes de flores existem! Isso não é divino? Não é um trabalho de um grande artista?

Além de dedicar-se à arte do Aikido, o Mestre Ueshiba devotou-se às artes da composição de poemas, caligrafia e de agricultor.

Quanto à caligrafia, um estudo interessante foi conduzido pelo professor Tanchu Terayama, chefe da Sociedade de Caligrafia Zen (*Hitsuzendo*), sobre a relação entre o *ki* e a beleza artística. Ele usou trabalhos da época do famoso calígrafo zen e mestre espadachim Tesshu Yamaoka (1836–1888) e pegou porções dos escritos que foram ampliados cinqüenta mil vezes com um microscópio eletrônico para estudar as "partículas de *ki*" na tinta. (Quando a ampliação é muito grande, a tinta pode ser vista como partículas individuais.) As partículas presentes nos trabalhos iniciais de Tesshu eram dispersas e sem vigor mas nos anos subseqüentes, essas partículas se tornaram claramente mais arredondadas, mais ricas e mais conectadas. Nos últimos anos de sua vida, as partículas de *ki* nas pinceladas de Tesshu eram extraordinariamente mais profundas e vibrantes. Terayama aumentou então algumas partes da caligrafia de algumas peças de "imitações" de Tesshu (as caligrafias de Tesshu são muito valiosas por isso existem muitas imitações), e achou, sem surpresa nenhuma, que as partículas de tinta nas peças falsas eram simples e fracas. Essa é a "prova científica" do pensamento de que é o *ki* que anima uma obra de arte.

O bom trabalho de caligrafia com pincel se torna realmente vivo. Tenho muita sorte em trabalhar num local onde sou cercado por caligrafias feitas por Tesshu, pela monja budista Rengetsu (1791–1875), por Jigoro Kano (1860–1938, fundador do judô), por Onisaburo, pelo Mestre Ueshiba e outros mestres; suas presenças — seus *ki* — são palpáveis e sempre muito inspiradores. A boa caligrafia alimenta o espírito, e também acredita-se que tenham propriedades de cura. (Picasso disse que se realmente entendêssemos a arte, poderíamos criar pinturas que curariam a dor de dente.) Uma vez dormi num *tatami* perto de uma alcova, na qual havia uma pintura feita por um grande mestre zen Hakuin (1686–1768). Durante toda a noite eu tive visões nítidas de instruções diretas desse Mestre. A colecionadora japonesa Masako Shirasu (1910–1998) disse que algumas das peças de sua coleção teriam dado a ela "cinqüenta anos de sonhos".

Não é difícil de se ver como o *ki* se manifesta na caligrafia e na pintura do Extremo Oriente, mas já que o *ki* é uma força universal, ele deveria estar presente em todos os tipos de arte, do Oriente ou Ocidente. Na verdade, um dos critérios de beleza em qualquer lugar é "manifestar vitalidade". Para que isso ocorra, é necessária a existência de *aiki* entre o artista e sua criação. A tradição diz que antes de começar a pintar uma paisagem, o famoso artista zen Sesshu

(1420–1506) primeiro contemplava o mar e as montanhas através das janelas de seu estúdio. Depois de beber uma xícara de vinho de arroz, ele tocava sua flauta de bambu até que sua mente estivesse apropriadamente pronta. Somente depois disso ele colocaria o pincel no papel. No Ocidente, Dante (1265–1321) disse: "Alguém que pinta uma figura não pode desenhá-la se não se transformar nela." Tomás de Aquino (1225?–1274) definiu a beleza como "perfeição, harmonia e clareza". Na verdadeira arte, existe uma harmonia graciosa entre o artista, a arte e o espectador (ou ouvinte).

Vamos considerar o processo da criação artística. Na estética clássica hindu, um artista freqüentemente é descrito como sendo um iogue, alguém que une a imagem mental com a matéria física. Picasso (1881–1973) dizia: "Eu pinto as coisas como as imagino, não como as vejo." William Blake (1757–1827) dizia: "Como um homem é, assim ele vê." O artista — um escultor, por exemplo — primeiramente senta-se em silêncio e medita na imagem que deseja criar. (No Aikido, isso seria chamado *nen*, "fixação de um pensamento ideal". No Tantra, a meditação inicial está na "pureza original de um espírito". Um artista budista somaria os quatro modos: benevolência, compaixão, simpatia, compostura.) A pedra em que irá trabalhar, já foi cuidadosamente escolhida, colocada na grama sagrada, e banhada em leite. Oferendas de flores, frutas e incenso estão perante ela. Seus cinzéis foram limpos, afiados e consagrados. Ele olha para a pedra e marca o ponto central, o ponto *bindu*, do qual a imagem irá irradiar. Trabalhando, basicamente dentro dos limites das formas clássicas, mas sem estar totalmente preso a elas, ele tem a percepção dos minúsculos detalhes e da peça inteira, e perfeitamente equilibra as partes com o todo. Por isso, o escultor se torna a escultura com o progredir de sua obra. Os olhos são a última parte a ser concluída, e quando estiverem pintados, um ritual sagrado de "dar o sopro da vida" — ou infusão de *ki* — é conduzido para que a imagem se torne real.

Em termos de Aikido, a "pedra" em que o praticante trabalha é o seu parceiro de Aikido, que deverá ser tratado com dignidade e respeito. As ferramentas são as técnicas, e antes de se executar técnicas deve-se estar bem centrado. As formas clássicas de Aikido são executadas dentro do contexto daquela hora e lugar em particular, com a adaptação apropriada; a distinção entre atacante e defensor é transcendida. Todo esse processo é a arte do Aikido — uma fusão ideal do espírito e da técnica.

Se for uma imagem verdadeira, ela irá deliciar e inspirar a todos os que a assistem, e se tornar uma valiosa ajuda e apoio a todos aqueles que buscam a sabedoria. A boa arte sempre aumenta nossa percepção sobre alguns aspectos da vida, nos revela algo que nunca havíamos visto antes, ou nos livra de uma percepção condicionada. Uma imagem nos permite absorver a verdade universal de modo concreto e acessível. A verdade absoluta estaria além da compreensão — e representação — por isso precisa ser refletida. De acordo com a tradição tibetana, o Buda consentiu em ter sua imagem pintada, mas quando os artistas tentaram desenhá-la, ficaram impressionados demais com sua presença radiante e sublime, que não conseguiram desenhar. O Buda então sugeriu que eles mudassem a sessão de retratos para um local próximo a um riacho, para pintarem o reflexo dele.

Imagens também possuem *ki* — freqüentemente falamos de "linhas flutuantes" em uma escultura ou estátua — e, de fato, gravações de algumas imagens hindus e budistas na Ásia, estátuas do antigo Egito, e pedras megalíticas na Europa nos mostram que esses elementos possuem vibrações ultra-sônicas. Os melhores exemplos de arte pictórica e tridimensional parece terem sido "cristalizados" — emanando do *nen*, como diríamos no Aikido — em vez de criadas. Tanto no Ocidente como no Oriente, existem imagens que acreditamos ser "ícones não confeccionados por mãos humanas", talvez por essa razão. Outras imagens são tão realísticas que as pessoas acabam se apaixonando por elas, chegando ao ponto de querer fazer sexo com elas. (No folclore japonês, existe um número de fábulas, em que fazem sexo com estátuas com resultados variáveis; algumas vezes a parte ofensora é punida com a morte e jogada no inferno; outras vezes, a estátua volta à vida e transforma o sonho do aficionado em realidade.)

Nós temos vários retratos do Mestre Ueshiba pintados por artistas famosos da época. Na maioria são parecidos, mas o Mestre Ueshiba também pediu a um artista chamado Joyo Nozawa (1866-1937) para pintá-lo em sua forma ideal como Ame no Mura Kumo Kuki Samuhara Ryuo. O artista teve um trabalho difícil para invocar uma imagem apropriada do Rei Dragão e lutou com ela por vários dias, passando finalmente uma noite inteira meditando. Uma vez que a imagem veio a ele, entretanto, ele conseguiu terminar sua pintura em menos de uma hora. Muitos bustos do Mestre Ueshiba foram feitos durante sua vida. Uma vez, quando lhe mostraram um modelo do busto antes de terminado, ele surpreendeu o artista ao dizer-lhe: "Esse músculo nas costas não está correto" — O Mestre Ueshiba conhecia tão bem o seu corpo que ele sabia descrever até os locais que não conseguia ver.

Em apresentações ao vivo de atores teatrais, dançarinos e músicos, é necessário que haja um bom *aiki* entre o artista e o público para o programa ser um sucesso. Uma pessoa com uma presença marcante no palco usa *kokyu*, boa sincronicidade, para conseguir o melhor em sua apresentação e para estabelecer uma ligação com a audiência. Zeami, pai do teatro Nô, disse a seus alunos: "Um ator deve estar no seu máximo quando a audiência estiver no seu mínimo."

A dança é uma forma de arte universal. Pessoas de todos os lugares sempre dançaram — comunicando-se com deuses e deusas para agradecer a fertilidade, para celebrar e por puro prazer. Antes do treinamento, o Mestre Ueshiba normalmente fazia o *kagura*, uma dança xintó sagrada com um leque, uma espada ou um bastão. A origem do *kagura* é relacionada com a dança divina de Ame no Uzume no Mikoto, diante da caverna na qual a Deusa do Sol Amaterasu Omikami se escondia. A própria Amaterasu havia se trancado — e por isso privado o mundo da luz do sol — para mostrar que estava desapontada com o mau comportamento de seu irmão Susano no Mikoto. A dança de Uzume era divina, mas bem animada e erótica; seus movimentos faziam todas as outras divindades cair no riso. Quando Amaterasu deu uma espiada para ver o que estava acontecendo lá fora, ela foi agarrada pela energia da divindade Ame no Tajikarao no Kami, que estava a postos do lado de fora da porta da caverna exatamente para esse propósito, e a luz da deusa foi trazida de volta para o mundo. Mesmo que o propósito principal da dança de Uzume fosse tirar Amaterasu para fora da sua caverna, ela atingiu um estado de êxtase "como se estivesse possuída por um espírito divino". Da mesma forma, o *kagura* do Mestre Ueshiba era executado para conectá-lo com o mundo espiritual.

Mestre Ueshiba gostava de ensinar movimentos com a espada para professores de dança clássica, e um dia uma professora pediu a ele para que lhe ensinasse os movimentos feitos com a *naginata* (uma lança comprida com uma ponta afiada e um tipo de lâmina de machado na extremidade). Originariamente, a *naginata* era usada por monges guerreiros, mas no decorrer dos séculos, foi a arma favorita das mulheres samurais, e o Mestre Ueshiba nunca havia treinado com ela. Entretanto, isso não o deteve. Ele ordenou a um discípulo que fosse apanhar o livro de história popular em que o herói, um monge guerreiro chamado Benkei, era um mestre de *naginata,* e colocou o livro no altar xintó. Em seguida, o Mestre Ueshiba pediu para não ser perturbado pelo resto do dia, e se trancou no *dojô*. Quando a professora voltou para a sua aula, o Mestre Ueshiba mostrou a ela uma série de movimentos maravilhosos. Mais tarde naquele dia, essa mulher executou os movimentos no palco e uma mestra de *naginata* (espantada) disse a ela: "Que técnicas maravilhosas!! Onde você as aprendeu?" Os discípulos de Morihei intrigados perguntaram a ele como conseguira aprender tão bem os movimentos de *naginata* em tão pouco tempo. "O próprio Benkei me visitou enquanto eu estava em transe e me ensinou seus segredos", foi a resposta. (Também ajudou muito, é claro, saber que os movimentos de Aikido são baseados em modelos universais que podem ser aplicados, com alguns pequenos ajustes, em praticamente toda arte corporal.)

Por todo o mundo, acredita-se que a dança é uma dádiva dos deuses. Numa visão durante um eclipse solar no dia 1º de janeiro de 1889, o xamã Paiute Wovoka "foi ao céu e viu todas as pessoas que haviam morrido há muito tempo. Deus me disse para voltar, e dizer ao meu povo que eles devem ser bons, amar uns aos outros e não lutar, não roubar ou mentir. Ele me ofereceu essa dança para dar ao meu povo". Essa dança, executada em um grande círculo com uma fogueira no centro, ficou conhecida como a Dança Fantasma.

A hula é sinônimo da cultura havaiana; na verdade a hula *é* a cultura havaiana. É inconcebível pensar no Havaí sem pensar nos cânticos, músicas e movimentos de hula. A hula é simultaneamente uma forma de adoração, uma história oral da ilha, um culto à fertilidade, um sistema de cura e bem-estar e uma escola de música, poesia, dança e mímica. Resumindo, a hula é a manifestação Havaiana do Aikido, um sistema completamente integrado que promove a unificação do corpo e da mente. Podemos achar muitos exemplos similares de danças servindo de coração da cultura em outras partes do globo.

A música está totalmente relacionada com a dança. A música é a forma mais pura de *kototama*. O universo é essencialmente musical. Guilherme de Auverge (1180–1249) escreveu:

> A ordem e magnificência do universo é como o mais bonito cântico, e a maravilhosa variedade de suas criaturas, uma sinfonia de felicidade e harmonia.

No contexto da música, o ritmo seria o fogo e o som seria a água. De acordo com as experiências de Hans Jenny, cientista e músico moderno suíço, os tons musicais assumem formas belas e ordenadas quando transmitidos pela fumaça, pelo fluido ou pó muito fino, exatamente como foi previsto na teoria do *kototama*.

A música pode ser usada como uma técnica de Aikido. Uma tarde, enquanto contemplava os céus, Pitágoras se deparou com um jovem agitado que havia sido rejeitado por sua amada. Um músico que estava por perto estava tocando rápida e furiosamente seu instrumento, fazendo com que o jovem entrasse num delírio tão frenético, que ele começou a gritar ameaças de incendiar a casa de sua amada. Em vez de chamar a atenção desse jovem descontrolado, Pitágoras foi até o músico e pediu-lhe que diminuísse o andamento da música, e mudasse o tom para algo mais agradável e suave. O músico fez isso, e o jovem se acalmou, voltando ao seu estado sentimental inicial, e acabou indo para casa sem causar nenhum prejuízo para a jovem ou para si mesmo.

Mestre Ueshiba não tocava nenhum instrumento musical, mas era um grande cantor. Algumas vezes ele entoava canções da Omoto-kyo e de Shingon, por uma hora ou mais. A voz do Mestre Ueshiba não era muito aguda, mas era muito forte. Quando em grupo com outros seguidores da Omoto-kyo, a projeção de sons do Mestre Ueshiba era tão forte que as pessoas que se sentavam em frente a ele tinham de mudar de lugar porque sentiam como se alguém estivesse batendo repetidamente em suas costas.

A outra arte a que o Mestre Ueshiba se dedicava era a agricultura. *Musubi*, ou crescimento exuberante, é fundamental no Aikido, e o Mestre Ueshiba adorava cultivar todos os tipos de alimentos e flores. A terra em Iwama era muito fraca, mas a fertilidade era sempre muito grande porque o Mestre Ueshiba sabia como tornar a terra mais fértil e fazer crescer a colheita, sem se utilizar de substâncias químicas artificiais e perigosas.

Os tradicionais agricultores, índios Pueblos, ainda rejeitam firmemente o pedido dos agentes da agricultura do governo norte-americano para que sejam utilizados arados de metal para se preparar a terra para o cultivo. Os agricultores indígenas usam estacas para plantar em sentido espiral, começando do centro do campo. Eles diziam que na primavera o campo é como uma mulher grávida:

necessita ser tratada com carinho. A utilização de um disco de arado de metal frio violaria a Mãe Natureza.

A preparação de comida também é uma arte elevada. *Oishii*, a palavra japonesa para delicioso, literalmente significa "lindo sabor". Mestre Ueshiba seguia basicamente a dieta da Omoto-kyo na qual se come peixe para aumentar a sabedoria, vegetais para a compaixão e arroz para a bravura.

Mencionamos que a união sexual era um dos temas centrais do Tantra. Fazer amor é tanto uma arte fina como uma arte marcial — Cupido e Kama (o deus do amor hindu) são arqueiros, peritos em flechar os alvos mais difíceis. Fazer amor é Aikido: "Na união com um parceiro amado, a pessoa se torna inteira e completa." Fazer amor no Aikido envolve respeito mútuo, serenidade de coração, técnica sutil mas vigorosa, e ligação contínua de corpo e espírito.

Um manual médico tibetano descreve assim o meio ideal para se fazer amor:

> O cenário seria tranqüilo com uma lagoa, corrente de água ou cachoeira. Flores e verde deveriam existir em abundância, e o ar deveria ser cheio de sons de pássaros.
>
> Tanto o homem quanto a mulher devem estar limpos, bem vestidos, com a fala suave e com boas maneiras. A comida deveria conter mel, leite, creme de leite, doces e carne. O fazer amor deveria incluir uma conversa prazerosa, beijos, toques, abraços e relaxamento.

Aqui está um conselho mais detalhado do manual de sexo taoísta, como juntar *Yin* e *Yang:*

> Segure as mãos e comece a bater pelos pulsos. Continue pelos braços e axilas, e em seguida em volta dos ombros e da nuca. Acaricie levemente a nuca, debaixo

> do queixo, os mamilos, a barriga e a lateral do corpo. Ao atingir o reino do portão de jade e a estrutura de jade, deixe-se estar ali por um tempo e sinta a energia. Abraçe e beije, relaxe e divirta-se. Depois disso, engajem-se nos dez estilos de comunhão sexual (urro do tigre, pegada da cigarra, escalada do macaco, sapo, coelho correndo, vôo do dragão, ou alimentando os peixes). Durante o ato de amor, os espíritos vitais entram nos órgãos internos e criam um brilho maravilhoso.

No Aikido, nós queremos que todas as nossas técnicas — e por extensão, todas as nossas ações — sejam "verdadeiras, boas e belas" (em japonês, *shin, zen, bi*; em sânscrito, *satyam, shivam, sundram*). Quando executamos uma técnica, ela deve ser verdadeira, quer dizer, precisa, limpa, e eficiente. Isso é bom porque as técnicas são desenhadas para que ninguém se machuque. O Aikido também deve ser belo, prazeroso, tanto para executar quanto para se observar. (É desencorajador ver quanta feiúra tomou conta do *Budo* moderno — uniformes terríveis, caretas horríveis, socos, chutes, empurrões e puxões desajeitados.) Quando pensamos sobre arte, seja ela plástica, popular ou marcial, os exemplos mais agradáveis são verdadeiros (bem executados), bons (significativos) e belos (agradáveis aos olhos e aos ouvidos).

A idéia do Mestre Ueshiba sobre a beleza do mundo é muito bem expressada por esta bela bênção navajo:

> Na beleza diante de mim eu caminho.
> Na beleza atrás de mim eu caminho.
> Na beleza abaixo de mim eu caminho.
> Na beleza sobre mim eu caminho.
> Na beleza ao meu redor eu caminho.
> Na beleza dentro de mim eu caminho.
> Tudo é completo na Beleza.

Nota do Supervisor da Tradução, prof. Wagner Bull:

Da afinidade que Morihei Ueshiba tinha com a agricultura, veio o conceito de "Takemusu Aiki", a arte marcial criativa nascida do "musubi", esse crescimento exuberante, mencionado neste capítulo. Um dos conceitos de Omotokyo é que este Princípio Único, que algumas culturas chamam de Deus, Tao, Alá, Alfa e Ômega, etc., é comum em essência. Todo homem que busca a verdade, acaba desenvolvendo uma intuição e uma certeza de que o universo está interligado, e que é coordenado por um grande centro com suas leis. As religiões visavam originalmente levar o homem a se reconectar com essa força criadora, onisciente, onipotente e onipresente e assim ele poderia realmente viver a sua verdadeira natureza para a qual ele foi criado, em sua plenitude, livre dos condicionamentos e dos complexos adquiridos no transcorrer da vida. Algumas infelizmente tornaram-se apenas grandes corporações multinacionais. Nesse sentido, o Aikido é um caminho ainda puro, diferente de tantos outros que já foram propostos pela humanidade visando à redenção do homem e seu retorno a sua casa e que se desviaram dessa idéia. Livros como este são fundamentais para se manter a idéia original acesa e atuante e separar o joio do trigo. O homem desenvolveu seu raciocínio lógico e se afastou da intuição que lhe conectava com essa energia divina e criativa, e assim surgiram seus problemas existenciais. Na Bíblia isto é contado através da metáfora do pecado original e da saída do Jardim do Éden. O Aikido, portanto, é universal, e seus princípios e técnicas são úteis a todas as religiões verdadeiras, para que os fiéis possam entender melhor as propostas de seus fundadores. Através da prática dos movimentos corporais, seguindo as leis da natureza e em profunda união com a energia vital "ki", do seu parceiro, o praticante vai, lentamente, dia após dia, desenvolvendo a capacidade de sintonizar-se com o "KI" universal, comungando com a energia de Deus, e assim cometendo menos erros, e tornando mais sábio, mais harmônico e mais integrado dentro da sociedade e do ambiente. Assim, todos podem praticar o Aikido e receber seus benefícios. A grandeza do fundador do Aikido, Morihei Ueshiba foi exatamente perceber que essa arte marcial antiga e usada nas guerras poderia servir como um instrumento extraordinário para aproximar o homem da divindade como as posturas da Yoga, e o Tai Chi. Hoje no mundo existem muitas escolas e muitos dojôs, nem todos ensinando a arte com ênfase maior na parte espiritual: uns são mais técnicos, outros mais marciais, outros mais plásticos, alguns mais rigorosos outros brandos, mas todos dentro da filosofia de fazer com que os praticantes abdiquem da solução dos conflitos pela agressão e busquem a harmonia, procurando fazer da humanidade uma grande família. Um verdadeiro Dojô de Aikido tradicional, porém, deve ter como meta divulgar essa senda como um caminho de iluminação espiritual por meio da prática de uma arte marcial que usa a energia "KI", cujas origens remontam a quase um milênio na história do Japão, o Aiki-Jiu Jitsu. Se o Aikido for praticado dessa forma, será um dos mais perfeitos sistemas de defesa pessoal até hoje criado pelas artes marciais.

5

Aikido e a Sociedade Global

Um dos significados de Aikido é "acordo mútuo". O Aikido nunca é praticado meramente para a autodefesa ou o desenvolvimento espiritual individual. Aikido é uma atividade social. No treinamento de Aikido não existem separações quanto a sexo, cor, tamanho e idade. Todos treinam juntos, e você aprende a lidar com todos os tipos de seres humanos — grandes e pequenos, jovens e idosos, pesados e leves, flexíveis e duros, atléticos e desajeitados, corajosos e hesitantes. Não existem competições nas quais se jogam seres humanos para combater um ao outro, e não existem competições que exijam apresentações artificialmente construídas para se ganhar altas notas de comissões julgadoras. Todos no *dojô* têm seus dias de "vencedor" e de "perdedor". Treinar em um *dojô* significa preparar-se para a verdadeira luta que é a de praticar o Aikido na vida cotidiana com a família, os amigos, (e os inimigos), com os companheiros de trabalho e com todas as pessoas com quem temos contato.

Mesmo que a imagem primária do Mestre Ueshiba seja a de uma pessoa mística que veio de outro mundo, bem longe das preocupações da sociedade, nos primeiros cinqüenta anos de sua vida ele foi um ardente, até radical, reformista social. Quando jovem em Tanabe, aprendeu sobre o ativismo budista de Kukai. Em retratos, Kukai é representado como um mestre de meditação tântrica, mas é famoso por suas contribuições para com a sociedade e por sua compreensão dos mistérios cósmicos. Kukai criou a primeira escola para classes não aristocráticas no Japão; ele tinha casas de banho com águas termais terapêuticas em vários locais que descobriu pelo país, e serviu como engenheiro chefe de um grande projeto de um reservatório de água.

Mais tarde, durante sua adolescência, Morihei sofreu a influência de Kumagusu Minakata (1867–1941), um dos pensadores sociais mais progressistas da história japonesa.

Antes de se estabelecer em Tanabe, Minakata tinha vivido no exterior durante dezesseis anos. Os últimos oito desses anos foram passados em Londres, onde ele se tornou um estudioso profundo e grande acadêmico; dominava o inglês, o francês, o italiano, o espanhol, o português, o grego, o latim, o chinês, o árabe, o persa e o japonês, é claro, e publicava jornais de estudos e pesquisas numa ampla variedade de assuntos, incluindo botânica, astronomia, antropologia, arqueologia e religiões orientais. Em Tanabe, Minakata criou o que seria a universidade do povo e, dentre outras coisas, conscientizava os moradores locais dos males da poluição industrial, do capitalismo desgovernado e do governo central.

Minakata não acreditava que o desenvolvimento das minas de carvão e cobre no Japão seria uma boa coisa; ele pensava que a poluição das minas arruinaria os lençóis de água e envenenaria a terra. A industrialização do setor têxtil faria com que os operários trabalhassem como escravos, e isso os quebraria em corpo e espírito. Um plano do governo para confiscar e desenvolver as propriedades que pertenciam aos templos locais resultaria em destruição de toda a vida selvagem dos santuários e das reservas naturais de água essenciais, e iria comprometer seriamente a vida tradicional dos pequenos vilarejos. Minakata não era um intelectual demagogo — ele não tinha medo de ser preso por suas convicções, e de fato acabou sendo preso durante um de seus grandes protestos públicos. Minakata se recusou a ser libertado sob fiança. "Por que as pessoas com dinheiro ou amigos ricos devem ser libertados enquanto os pobres apodrecem na prisão? Todos deveriam ser tratados da mesma forma."

Mesmo antes de sofrer a influência de Minakata, Morihei já protestava contra a injustiça. Seu primeiro emprego foi como auditor fiscal numa repartição local, mas deixou esse emprego para trabalhar em favor dos pescadores autônomos contra o Ato de Regulamentação das indústrias pesqueiras. Algumas pessoas ricas com influência e funcionários corruptos usavam injustamente a nova lei para reprimir a concorrência. Morihei usou seus conhecimentos dos códigos de impostos fiscais para defender os pescadores, e protegendo-os contra as ameaças de represálias violentas. Mais tarde se uniu a Minakata para lutar contra a política de consolidação dos templos do governo nacional, fazendo protestos e manifestações. De suas experiências com Minakata, Morihei compreendeu o valor do conhecimento geral e o quanto era importante não ficar de braços cruzados quando a comunidade era ameaçada.

A população de Tanabe estava crescendo, e não havia muitos trabalhos de pesca ou no campo para se fazer. Morihei decidiu juntar um grupo de cinqüenta e duas famílias, inclusive a sua própria, e ir até a fronteira das terras de Hokkaido. Morihei foi um pioneiro: construindo uma vila, organizando o setor de saúde, saneamento e locais para escolas, criando alojamentos, criações de cavalos, e indústria de suínos. Até chegou a concorrer a um cargo político e ganhou um posto no conselho da vila.

Ao deixar Hokkaido, Morihei juntou-se à Omoto-kyo, que na época era mais um movimento social radical do que uma religião. Na verdade, o grande propósito da Omoto-kyo era criar literalmente o "céu na terra". A Omoto-kyo foi fundada por Nao Deguchi (1836–1918), uma mulher simples, desesperadamente pobre e atormentada. Após ser visitada pelo deus konjin, Nao, começou a pregar publicamente em nome dessa divindade obscura. O tema básico de Nao:

"A hora chegou e o mundo precisa ser completamente purificado e reformado! Imperadores, reis e todas as formas de governo artificiais devem ser descartados, e a verdadeira igualdade estabelecida: libertem-se do capitalismo, voltem para suas terras, e não deixem que os egoístas e gananciosos prosperem às custas dos que são corretos e esforçados."

Mais tarde, Nao se juntou ao xamã de nome Kisaburo Ueda. Ueda casou-se com a filha de Nao, Sumi, e foi adotado pela família, recebendo o nome de Onisaburo Deguchi. As observações de Onisaburo não eram tão extremas quanto as de Nao (Nao condenava as escolas, a educação formal e os caracteres de *kanji* como grandes males e se recusava a vacinar seus netos contra varíola porque a vacina vinha de um animal e havia sido desenvolvida em um país estrangeiro), e sua postura mais flexível ajudou o movimento Omoto-kyo a ganhar grande popularidade. Entretanto, Onisaburo tinha plena convicção de que a sociedade deveria ser reformada:

> Armamentos e guerra são os meios pelos quais os patrões e capitalistas obtêm seu lucro, enquanto os pobres sofrem. Não há nada no mundo mais devastador do que a guerra nem mais ridículo do que armamentos. A verdadeira luta não é contra adversários estrangeiros mas contra aqueles que estão em nossa casa e que reprimem nossa liberdade, ameaçam nossos direitos humanos, esmagam a paz e destroem nossa cultura para garantir lucros.

Onisaburo passou seis anos e meio na prisão por expor tais pontos de vista, e sua esposa Sumi e muitos outros líderes da Omoto-kyo também foram presos por vários períodos de tempo.

Um dia no acampamento Omoto-kyo, uma equipe de construção formada por dez homens tentaram reposicionar uma grande árvore, mas não foram capazes devido a uma discussão entre eles sobre qual seria o melhor método. Morihei chegou no local e foi tomado de pensamentos como: "Por que as pessoas do Japão não são mais cooperadoras?" e "Por que os países devem guerrear entre si?" Agitado, Morihei apanhou a árvore e sozinho moveu-a para sua nova posição. Onisaburo também estava presente e disse a Morihei: "Esse é o poder da indignação moral. Canalize essa tremenda força para a atividade certa que você conseguirá o que quiser."

Durante a invasão à Omoto-kyo em dezembro de 1935, uma ordem de prisão foi também emitida contra o Mestre Ueshiba. Muitos de seus discípulos eram altos funcionários do governo e conseguiram protegê-lo da prisão (mas parece que ficou em prisão domiciliar por algum tempo). Eles o aconselharam a denunciar Onisaburo para salvar a própria pele, mas o Mestre Ueshiba se negou a fazê-lo.

À luz de seus ensinamentos de harmonia e paz, muitas pessoas se perguntam por que o Mestre Ueshiba não se opôs mais à guerra durante o período de 1935–1945. Sua posição era muito delicada, principalmente com uma família para proteger, mas sua mensagem era consistente. Rinjiro Shirata, que foi um discípulo que viveu com ele durante a guerra, se recordava claramente do Mestre Ueshiba dizendo aos discípulos que "matar era um pecado", inevitável às vezes mas injustificável, e que o *bushidô* era "aprender como viver" e não, "aprender como morrer". Era exatamente o oposto do que o governo militar estava mostrando à população. Outros discípulos do pré-guerra disseram: "Se todos os oficiais do governo tivessem realmente dado ouvidos ao que o Mestre Ueshiba estava ensinando, o Japão nunca teria entrado numa guerra tão absurda." Mestre Ueshiba uma vez reclamou a seu filho Kisshomaru:

> Os militares são dominados por tolos irresponsáveis, ignorantes de liderança e idéias religiosas, massacram cidadãos inocentes indiscriminadamente, e destroem tudo em seu caminho. Agem em total contradição com os desejos dos deuses e certamente terão um triste fim.

> O verdadeiro *budô* é promover a vida e criar a paz, o amor e o respeito, e não deixar o mundo em pedaços com armamentos.

Durante a guerra, o Mestre Ueshiba sempre foi considerado "fraco" pela polícia militar, e mantido sob vigilância. Por trás de tudo, o Mestre Ueshiba estava envolvido em várias iniciativas de paz, mas no final a única maneira de protestar era através da não-cooperação. Em 1942, alegando estar doente, ele se desligou de todos os seus afazeres públicos e se isolou de tudo em Iwama. Essa posição contrasta com a de muitos outros instrutores de artes marciais e líderes religiosos que insistiam que o Japão deveria lutar até o último homem, mulher e criança e não se render.

Onisaburo, que foi libertado sob fiança em 1942, parecia estar no isolamento também, mas na verdade continuava suas atividades contra a guerra clandestinamente. Onisaburo disse aos seguidores da Omoto-kyo que haviam sido convocados para o exército, que "os Deuses não gostam de assassinos" e que "os Deuses nunca ficarão contentes ao ver o sacrifício de uma vida humana". Ele os instruiu a jogarem fora suas armas e a desertar se tivessem oportunidade. Para protegê-los do perigo, deu-lhes talismãs nos quais estava escrito, com um toque de humor negro: "Grande Vitória ao inimigo." Onisaburo enviava mensagens secretas aos seus seguidores no Japão, informando-os da derrota iminente do Japão e dizendo em que partes do país eles estariam relativamente a salvo. Em 1942, durante os dias mais negros da história de seu país, o sempre otimista Onisaburo fundou a "Sociedade Otimista", Rakutensha. Isso foi no mesmo ano em que o Mestre Ueshiba decidiu chamar sua arte de "Aikido".

Imediatamente após o fim da guerra, Onisaburo compôs este poema:

De manhã e à tarde
Purifique o corpo e a alma
E reze ao céu e à terra
Essa é a maneira de se obter a
Vitória para a nossa Nação.

Após a guerra, Mestre Ueshiba disse que sabia que o Japão iria ser derrotado e que poderosas armas de destruição cairiam em Hiroxima e Nagasaki. O bombardeio atômico dessas duas cidades foi um toque de despertar para a humanidade. O Mestre Ueshiba acreditava numa nova era que viria após o fim da guerra e queria preparar-se para ela. Mais tarde expressou grande tristeza por haver ensinado técnicas letais nas várias academias militares e declarou numa entrevista o seguinte:

> Nos velhos tempos, as artes marciais eram utilizadas para fins de destruição — para atacar aos outros a fim de se conseguir mais terras e posses. O Japão perdeu a guerra porque seguiu por um caminho errado e destrutivo. De agora em diante, as artes marciais deverão ser utilizadas para fins construtivos.

Após uma vida ativa na sociedade, nos anos do pós-guerra, o Mestre Ueshiba passou todos os trabalhos administrativos da organização do Aikido para Kisshomaru e outros discípulos mais antigos e se dedicou a elaborar a filosofia do Aikido. Acima de tudo, disse ele, o Aikido deve tornar-se um instrumento da paz mundial:

> A guerra deve cessar. Somos todos membros de uma grande família; agora é a hora de eliminarmos a luta e as controvérsias. Esse mundo foi criado para ser algo belo. Se não há amor entre nós, será o fim de nossa casa, o fim de nosso país, e o fim do mundo.

A paz não é somente a falta de conflito, mas um estado de união e prosperidade. Mestre Ueshiba deu este conselho aos líderes mundiais:

> A verdadeira arte da paz não é sacrificar nenhum de seus guerreiros para derrotar o inimigo. Elimine seus oponentes ao simplesmente manter-se a salvo e numa posição inacessível; assim ninguém sofrerá nenhuma perda. O caminho do guerreiro, a arte da política, é conter o problema antes que ele comece. Consiste em derrotar seus adversários espiritualmente, fazendo-os perceber a estupidez de suas ações.

Infelizmente, tem havido muitos conflitos terríveis desde 1945, mas existem também alguns sinais de esperança. A guerra fria terminou e a ameaça da guerra nuclear diminuiu. Existem sinais menores, mas significativos também; um memorial em Okinawa em honra de todas as pessoas, em ambos os lados, que foram massacradas lutando na Segunda Guerra Mundial; um oficial militar norte-americano com treinamento em Aikido que serviu durante a Guerra do Golfo dizia orgulhoso a seu instrutor de Aikido, "Minha unidade chegou e capturou nosso objetivo sem perda de vida em ambos os lados".

Mesmo que não existam muitos sinais de que o mundo esteja se tornando mais pacífico, nós ainda assim estamos otimistas — o otimismo é a essência da filosofia do Aikido. Onisaburo, o professor do Mestre Ueshiba, perdeu tudo por duas vezes durante as represálias do governo contra a organização Omoto-kyo, sua caprichosa busca (que foi continuada por Morihei) para encontrar Shambala falhou, e ele foi injustamente aprisionado durante anos; mas a esperança e o bom humor nunca o deixaram. Ele fez do otimismo um dos pilares de sua fé:

> O propósito da religião é fazê-lo se sentir feliz nas profundezas de seu ser. Qualquer religião que intimide e ameace seus seguidores não é uma religião. Pessimismo, escuridão, pensamentos pecaminosos, e baixa estima não têm lugar na Omoto-kyo.

O Mestre Ueshiba sentia a mesma coisa quanto ao Aikido. Em seguida à derrota esmagadora do Japão, ele foi um dos únicos japoneses que estavam otimistas quanto ao futuro. "Não se preocupe", dizia ele a seus desesperados discípulos:

> Em vez de tolamente instigar a guerra, de agora em diante pregaremos a paz, o verdadeiro propósito do Aikido. Treinaremos para evitar a guerra, para abolir as armas nucleares, para proteger o ambiente e para servir à sociedade.

Mestre Ueshiba acreditava que os princípios do Aikido também se aplicavam à economia:

> A economia é a base da sociedade. Quando a economia é estável, a sociedade se desenvolve. A economia ideal combina o espiritual e o material, e as melhores mercadorias para se comercializar são a sinceridade e o amor.

Mestre Ueshiba acreditava que a democracia deveria ser baseada no conceito de *masakatsu* do Aikido: "O mais fraco deve ter a mesma oportunidade que o mais forte." Na verdadeira democracia, as idéias são integradas em vez de discutidas. Colaboração e harmonização são mais vantajosas do que a competição e a rivalidade.

Harmonia com a natureza é a doutrina central do Aikido, e o Mestre Ueshiba era muito preocupado com a destruição do ambiente. Ele foi durante muito tempo um agricultor de produtos orgânicos, e na sua visita ao Havaí em 1961, ele lutou para que os alunos de lá — dos quais muitos trabalhavam no campo como agricultores — abandonassem os produtos químicos que eram prejudiciais às colheitas.

Num nível mais individual, Mestre Ueshiba tinha esperanças de que os praticantes de Aikido lutassem para criar um pequeno pedaço do céu na Terra cada vez que treinassem no *dojô*.

Os princípios do Aikido — pureza, serenidade, gratidão, respeito, harmonia, amor — devem ser praticados a cada treino. As técnicas são formas ideais, que devem ser empregadas como veículos de percepção; o treinamento do Aikido deve sempre resultar em *misogi*, uma purificação do corpo e da mente.

> Num bom treino de Aikido, nós geramos luz (sabedoria) e calor (compaixão). Esses dois elementos ativam o céu e a terra, o sol e a lua; eles são manifestações sutis da água e do fogo. Unifique os mundos material e espiritual, e isso fará com que você se torne realmente corajoso, sábio, dedicado e compassivo.
>
> Treine com afinco, sinta a luz e o calor do Aikido, e seja uma pessoa verdadeira. Treine mais e aprenda os princípios da natureza. O Aikido está se tornando uma instituição em todos os lugares, mas terá uma expressão diferente em cada local em que fixar sua raiz. Adapte-se continuamente aos ensinamentos e crie um solo puro e belo.

Há uma profecia dos índios Lakotas Sioux que diz que, um dia todas as pessoas, amigos e inimigos, se sentarão juntos em paz, unidos num único grande círculo. O Mestre Ueshiba também desejava que esse dia chegasse. Durante sua vida ele expressou esse desejo de várias formas:

Venha dar as mãos para esse velho vovô para unirmos o mundo. Nós não temos inimigos no Aikido, nenhum de nós é um estranho. Todos os dias, vamos treinar para fazer do mundo um lugar um pouco mais pacífico.

A beleza divina
do Céu e da Terra!
Toda a criação,
Membros de
Uma só Família.

O propósito do Aikido é a unificação entre o corpo e o espírito, masculino e feminino, o eu e os outros, o homem e a natureza, o indivíduo e a sociedade. A obra do Aikido é nos conectar uns aos outros, para fazer as coisas vibrarem, para criar um céu na Terra.

PARTE II

PRÁTICA

Morihei Ueshiba, com o corpo arrepiado pelo *ki*, demonstra uma técnica impressionante de Aikido.

"O Aikido começa e termina com respeito." Rinjiro Shirata demonstra a reverência formal do Aikido executada ao início e ao final de cada treino. Essa reverência reflete o profundo respeito que temos pela tradição do Aikido, nossos parceiros de treinamento, e pela espada e bastão *aikis,* tanto quanto a gratidão que sentimos pela própria vida, por nossos ancestrais, por nossos irmãos seres humanos e pelos animais e plantas que se sacrificam para nos servir de alimento. Um pergaminho ou símbolo contendo os três caracteres *ai-ki-do* sempre é exibido no *dojô,* como uma lembrança constante aos praticantes que seguem o Caminho da Harmonia.

1

2

3

4

5

6

7

8

9

10

11

12

13

14

15

16

Já que este livro não é um manual técnico, olharemos as técnicas essenciais de Aikido nos termos de sua importância filosófica. Aqui, Sensei Shirata executa *shiho-giri*, "corte em quatro direções". Além de ser uma maneira de expressar a gratidão nas quatro direções — cada corte na verdade é uma saudação — esses cortes representam a abertura de todas as fronteiras filosóficas e a abertura de um caminho adequado para seguirmos.

1

Existe uma grande variedade de exercícios individuais como *shiho-giri*, mas para realmente praticar o Aikido, você precisa trabalhar com um parceiro para acessar sua habilidade de se harmonizar com um ser humano de carne e osso. Essa é a postura básica do Aikido a dois: uma pegada no pulso que conecta, simbolicamente, o elemento fogo (o braço esquerdo do "atacante") com o elemento água (o braço direito do "defensor"). Um circuito então se forma entre os parceiros, sendo a pegada o ponto central de contato. As técnicas podem ser executadas em "quatro dimensões" — diamante, salgueiro, fluido, e *ki* — e essa série mostra a dimensão do diamante que é sólida, estável e precisa. Para ilustrar esse aspecto de "gratidão" do *shiho-nage* (projeção nas quatro direções), o autor coloca suas mãos na posição de mudra *gassho* — um gesto de oração de agradecimento — e executa a técnica. Em treinos regulares, os parceiros se revezam entre si sendo atacantes e defensores, a fim de que cada pessoa possa experimentar os dois lados da equação do Aikido.

2

3

4

5

1

Essa seqüência, extraída da série de fotos do Noma Dojo, tiradas em 1936, mostra o Mestre Ueshiba executando *irimi-nage* na dimensão diamante. Ele primeiro evita o ataque avançando profundamente ao lado de seu parceiro; em seguida ele imobiliza o braço que o ataca enquanto aplica um *atemi* (contragolpe que desarma) que se detém antes do contato. Esse *atemi* tem a função maior de cortar o espírito do atacante do que de cortar seu corpo. Então o mestre guia a cabeça do atacante para cima e para trás e avança adentro para completar a projeção, permanecendo todo o tempo bem próximo de seu parceiro. A postura final, conhecida como *zanshin,* nesse caso é semelhante à postura de Jesus Cristo representado em muitas pinturas ressuscitando Lázaro dos mortos. É uma postura de cura em vez de uma postura de ameaça de um novo golpe. Como foi ilustrado aqui, algumas vezes a melhor maneira de se lidar com uma agressão é não se retirar, mas avançar diretamente ao coração da mesma e desarmá-la em seu centro.

2

3

4

Com um largo sorriso, o mestre de 84 anos de idade demonstra *irimi-nage*. Se deliciar ao treinar e manter uma visão otimista da vida, são dois princípios da filosofia do Aikido.

Aqui estamos de volta ao Noma Dojo. O Mestre Ueshiba "abriu" seu corpo para o lado de fora de seu parceiro — para desviar o ataque e colocar-se fora do caminho do mesmo. Seu *atemi* está perfeitamente colocado, e um pequeno corte para o lado com sua mão esquerda desequilibrará o parceiro e o levará diretamente ao chão. "Dar uma abertura" onde se está vulnerável para ser atacado não é bom, é claro, mas no Aikido, o conceito de se estar "aberto" tem significado contrário; deve-se manter a mente aberta e sempre pronta para se lidar com todos os tipos de desafios que possam surgir ou para tirar proveito de todas as oportunidades que possam aparecer.

1

A técnica anterior consistia apenas no movimento *kai* (abrir para o lado). Aqui, Sensei Shirata combina a abertura de *kai* com o giro *ten*. Depois de avançar, ele faz um giro de 180 graus, solta sua mão da pegada de seu parceiro e aplica um *atemi* para mover o outro braço do parceiro para assim segurar ambos os braços. Sensei Shirata gira os quadris, avança e projeta o parceiro. Esses tipos de movimentos *kaiten* constituem o coração das técnicas do Aikido. No último seminário conduzido pelo Sensei Shirata, quando tinha 80 anos de idade, seus giros de *kaiten* eram espetacularmente grandes e perfeitos. Lembrou-me de um dançarino religioso que faz o "giro" dançando em círculos por várias vezes enquanto visualiza uma ascensão ao céu. Filosoficamente falando, nós sempre desejamos que as coisas girem em nosso favor.

2

3

4

5

1

Kokyu, derivado da concentração para controle da respiração, é a fonte de poder das técnicas do Aikido. Aqui, Sensei Shirata, com a idade de 70 anos, deixa que um estudante colegial de 20 anos segure-lhe o pulso com toda força. Sensei Shirata enche seu corpo inteiro com *kokyu* e desliza para a frente, levantando e dissipando completamente a força de seu parceiro. Como mostramos aqui, o poder de realizar *kokyu* não diminui com os anos da mesma maneira que a pura força física. O poder de realizar *kokyu* é a chave para uma vida sadia.

2

No Aikido preferimos não utilizar pesos mortos para ganhar força. Em vez disso, pedimos a nossos parceiros que sirvam gentilmente de pesos vivos para que possamos executar as técnicas de *kokyu* mais completamente ao sermos agarrados por duas ou mais pessoas. Em alguns estilos de Aikido, esse tipo de força natural é descrito mais em termos de *ki* do que *kokyu*. Os dois conceitos são proximamente relacionados, mas, na essência, *ki* é a energia fundamental inata, enquanto *kokyu* é a energia concentrada e aplicada.

Kisshomaru Ueshiba demonstra a técnica de *kokyu-nage,* com seu filho, o atual doshu, ou diretor, Moriteru Ueshiba. Um segundo significado de *kokyu* é "sincronia perfeita". Enquanto as técnicas de poder de *kokyu* são necessariamente estáticas e precisamente executadas, projeções de *kokyu* são dinâmicas e fluidas. Aprende-se a se ajustar a todas as mudanças súbitas nos movimentos do parceiro e assim aplicar as técnicas na hora certa. Nos assuntos humanos, ter uma boa sincronia é uma das mais valiosas qualidades que uma pessoa pode ter.

1

Sensei Shirata demonstra sentado uma imobilização de *ikkyo*, movendo-se como uma onda que se arma para em seguida se quebrar suavemente. Todas as imobilizações são variações desse movimento básico, e cada variação tem como função alongar e estimular diferentes juntas e músculos, para assim promover sobretudo uma saúde perfeita. Filosoficamente, o termo *osae* é muito similar à expressão inglesa "acertar, travar" — achar a fonte exata de um problema, ou forçar alguém a se decidir. Também simboliza controle — tanto o controle da situação como de si mesmo.

2

3

4

5

6

1

No Aikido, sempre presumimos que os ataques podem vir de qualquer direção. Como na vida real, ser esfaqueado pelas costas é o tipo de ataque mais difícil de se antecipar, por isso o treinamento de técnicas de *ushiro* tem destaque especial no *curriculum* do Aikido. Normalmente você não permitiria a ninguém ficar atrás de você dessa maneira, mas para efeito de treinamento, Sensei Shirata deixa que o seu parceiro o agarre pela gola por trás. Sensei Shirata gira rapidamente para evitar ataques simultâneos por trás e pela frente, projeta um atacante para o lado e se posiciona para receber o ataque que vem pela frente. Técnicas de *ushiro* como essas têm como objetivo criar a percepção do "sexto sentido", que pode ser muito útil na vida diária.

2

3

1

Nessa técnica de *tenchi-nage* da série de fotos do Noma Dojo, a extensão do céu e da terra pode ser vista em cada segmento. Nessa primeira foto, o Mestre Ueshiba guia a mão que ataca para cima em direção ao céu e utiliza um *atemi* para direcionar o corpo de seu parceiro para cima também. O próprio Mestre Ueshiba, no entanto, está enraizado na terra. Na segunda foto, o Mestre Ueshiba levanta seu parceiro para cima na extensão usual de céu e terra, enquanto seu parceiro se encontra na condição de céu e terra reversa — com sua cabeça apontando em direção à terra e seus pés para o céu. Na terceira fotografia, que exibe a projeção completa, o Mestre Ueshiba assume a postura de céu e terra, em *zanshin*.

2

3

Embora exista uma coleção especial de técnicas de *tenchi-nage*, a postura de "extensão do céu e terra" pode ser encontrada em várias outras técnicas também. Aqui o Mestre Ueshiba executa *irimi-nage* com o movimento de céu e terra.

Além de ser encontrado em muitos tipos de artes marciais e formas de dança, a postura de *tenchi* regularmente é encontrada em ícones religiosos. Esse é um Jesus *tenchi* de uma Igreja Católica na Holanda. Nesse caso, a postura de *tenchi* pode ser interpretada como: "eu carreguei os ensinamentos de Deus do céu para a terra"; "Meu reino se estende do céu até a terra"; ou "O céu e a terra estão ligados através do meu corpo e meu sangue". Note também o *chakra* do coração sagrado de Jesus.

No Aikido, nós usamos o *bokken* (espada de madeira) e o *jo* (bastão de madeira) como "instrumentos para iluminação". A maioria dos movimentos corporais do Aikido são paralelos aos movimentos limpos e precisos da espada, e o *kamae* básico é a posição de *seigan*, mostrada aqui. Um significado de *seigan* é "visão pura" (outros significados são "visão verdadeira", "visão clara" e "visão estelar"). Diz-se que o segredo da iluminação budista é a habilidade de se "ver as coisas como elas são", livres de noções preconcebidas e projeções mentais. No Aikido também treinamos para ver as coisas pura e verdadeiramente. O Mestre Ueshiba dizia: "A postura do amor é *seigan no kamae*", e por algum tempo ele até adotou "Seigan" como seu primeiro nome.

Aqui encontramos um *close* de Sensei Shirata movendo a espada de *aiki*, enquanto emite um magnífico *kiai*. Sensei Shirata chamava esse tipo de *kiai* de "grito do sopro da vida". Deveria ter a mesma intensidade que o choro de um bebê na hora do nascimento. Como no Tantra, no treino do Aikido nós almejamos harmonizar a mente, o corpo e a voz. Nessa foto, fica nítido que Sensei Shirata atingiu esse estado ideal.

(À esquerda) Enquanto os movimentos da espada *aiki* são precisos e decisivos, os movimentos do *aiki jo* são mais fluentes. A espada simboliza a determinação; o *jo* simboliza a intuição. Antes de treinar, o Mestre Ueshiba normalmente executava o *misogi no jo* como um ritual contemplativo de purificação. Durante os últimos cinco anos de sua vida, o Sensei Shirata desenvolveu seu próprio *misogi no jo*, o qual continuamos a praticar até hoje no Aikido clássico. Esta postura é o movimento inicial desse *misogi no jo*, chamado "mandar para fora do espírito". (Acima) O bastão — como arma protetora ou símbolo de autoridade — é encontrado em muitas culturas diferentes. Aqui, um petróglifo nos mostra um guerreiro havaiano golpeando numa postura clássica de *jo*.

A forma em que a pessoa se apresenta no exterior reflete seu estado interior. Nessas três fotos, podemos notar a manifestação dos diferentes *mitamas*, "almas" do Mestre Ueshiba. (À esquerda) Essa imagem mostra o corpo físico do Mestre Ueshiba e sua forma transfigurada como Ame no Mura Kumo Kuki Samuhara Ryuo, com o nobre Dragão Rei sobre seus ombros. Essa presença de *kushi-mitama* — uma alma que é misteriosa, profunda, sábia e elevada — é muito evidente. (Acima à esquerda) O Mestre Ueshiba inspirava medo às vezes, como aqui. Seu feroz, inexorável *ara-mitama* está à mostra, e ele está em guarda contra comportamentos desajeitados e desatentos. (Acima à direita) Nesse retrato sereno e agradável, podemos sentir tanto a paz do *nigi-mitama* como o brilho do *sachi-mitama*.

Mencionei na Parte I, Capítulo 3, que a contemplação em silêncio, ou *chinkon-kishin*, é a parte central no Aikido. A vida pode ser muito agitada e confusa, por isso é muito importante que se tenha períodos em que se possa "relaxar e retornar à fonte". Por utilizarmos a visualização, os olhos permanecem fechados, e as imagens são extraídas da natureza — "Mantenha sua mente como a amplidão do céu, como o pico mais alto e o oceano mais profundo."

A meditação ilumina a mente e o canto purifica a voz. O Mestre Ueshiba cantava várias orações xintoístas e budistas todos os dias, dentro e fora de casa. Cantar era uma atividade humana natural, praticada universalmente até que o caos do século XX tornou difícil (e até ilegal) cantar orações diariamente em muitos lugares.

Um significado de *aiki* é união, e o Aikido pode ser considerado um tipo de yoga. A yoga compreende exercícios de *pranayama* para desenvoltura do poder de respiração. No Aikido, usamos exercícios de *kokyu-ho* para criarmos a energia de respiração (e o *ki*). Aqui o autor demonstra a respiração do movimento do céu, estendendo seus dedos como uma flor de ameixeira em completo desabrochar para assim receber a energia do céu.

Aprender com livros também é essencial para a criação de uma boa base de filosofia geral. Morihei adorava estudar os clássicos religiosos japoneses. Uma das coisas que mais me impressionavam no Sensei Shirata era a devoção de sempre querer aprender mais durante toda sua vida. Mesmo em seus anos finais, ele se sentava durante horas lendo um livro, e anotando as coisas cuidadosamente. Ele me espantava sempre com sua erudição em um sem-número de assuntos diversos, os quais ele gostava de relacionar com um ou outro princípio do Aikido.

Pitágoras foi mencionado várias vezes na Parte I. Ele é o pai da filosofia Ocidental, um sistema no qual muitas vezes se pensou ter muito pouco a ver com a filosofia do Oriente. De fato, como foi dito, existem muitos pontos de convergência entre o pensamento "ocidental" de Pitágoras e a filosofia "oriental" do Aikido. Os seres humanos são essencialmente iguais, e muitas de suas diferenças são superficiais e secundárias. "Procure o que é semelhante, não o que é diferente", é um dos conceitos-chave da filosofia do Aikido.

Nota do prof. Wagner Bull:
Algumas pessoas que leram a versão inglesa me confidenciaram que não gostaram de ver símbolos esotéricos e comparações de ícones conhecidamente ocidentais com o Aikido. Para evitar julgamentos precipitados, lembre-se o leitor de que o autor visa mostrar que na nossa cultura, nossos sábios chegaram, como não podia deixar de ser, às mesmas conclusões. Se existem diferenças são apenas aparentes. É necessário deixar o espírito aberto para perceber as semelhanças, ou o preconceito atrapalhará o entendimento essencial. A capacidade de enxergar essas identidades a despeito da máscara cultural é sinal claro da verdadeira compreensão; o oposto revela a cegueira, o bairrismo e o fundamentalismo que tantas guerras e dores tem provocado na historia da humanidade. Somos todos homens, e semelhantes.

Nesse ícone russo ortodoxo da Madonna e a Criança, as estrelas se ligam para formar oito pontos, os quais podemos interpretar como os oito poderes do Aikido. Mais interessante, no entanto, são as posições dos anjos em volta de Maria e do menino Jesus. Eles mantêm posturas muito semelhantes ao *kamae* usado nas técnicas de Aikido. É muito raro para mim não encontrar uma correspondência com o Aikido desse tipo em qualquer lugar do mundo em que eu esteja, não importando o quanto esse lugar seja geograficamente ou culturalmente remoto.

Aqui temos um outro exemplo da correlação perfeita entre a filosofia "mística" do Oriente e a filosofia "científica" do Ocidente. O Mestre Ueshiba sempre dizia: "A única maneira pela qual posso realmente explicar o Aikido é com o triângulo, o círculo e o quadrado." A inscrição acompanhando esse diagrama alquímico, editada em 1618, declara: "De um homem e uma mulher criando um círculo, um quadrado e um triângulo, e em seguida um outro círculo, você conseguirá obter a Pedra Filosofal [capaz de transmutar o metal base em ouro]."

Toda verdadeira filosofia deve lidar com o assunto sexo — a fonte da vida. Como eu havia mencionado na Parte I, *aiki* era o termo utilizado para descrever a experiência sexual fundamental nos manuais de amor chineses. Nesse sentido, *aiki* representa a integração total, física e espiritualmente, de dois seres humanos. No Japão, a integração *aiki* é obtida pelo deus Izanagi e a deusa Izanami, mostrados aqui, se relacionando no Monte Tsukuba. De sua união *aiki* nasceu a nação do Japão. O filósofo xintoísta Masuho Zanko (1655–1742) declarou: "O Caminho dos Deuses não é outro senão o caminho da união entre o homem e a mulher."

Na esfera humana, a união *aiki* entre duas almas resulta em *musubi*, a "força geradora da vida". Essa fotografia é de um casamento na Bélgica. Lá, é tradição que o noivo e a noiva entrelacem seus dedos para simbolizar uma forte união. (*Musubi* também significa amarrar ou trançar.) Esse é também um exemplo de *ki-musubi*, "a junção de duas forças".

O autor discute um conceito de *musubi* durante uma aula de Aikido num *dojô* na ilha do Havaí, próximo da cratera de Kilauea, lar de Madame Pele, deusa do vulcão. O Aikido nos ensina a nos harmonizarmos com as coisas que estão à nossa volta, e é muito importante que aprendamos e sejamos sensíveis às tradições de cada lugar. (Eu sempre faço uma oferenda silenciosa à Madame Pele e peço permissão para treinar em seus domínios.) E, naturalmente, as técnicas tomam uma forma diferente em cada lugar ao incorporarmos os melhores elementos de cada cultura.

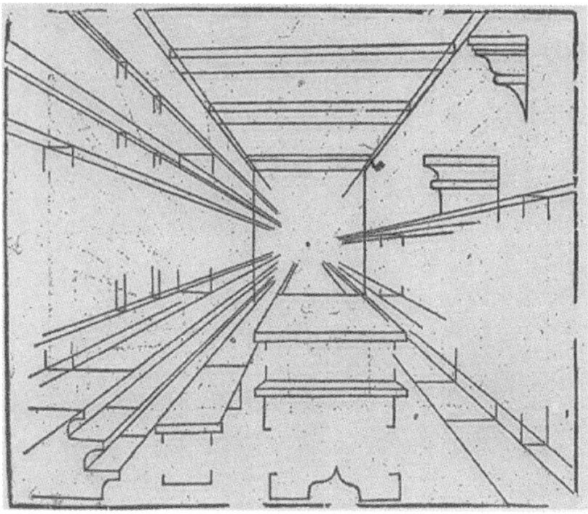

Mestre Ueshiba sempre lembrava a seus alunos a não se esquecerem de que todas as coisas emanam do Espírito Uno. Esse diagrama medieval pode ser lido de duas maneiras: todas as coisas emanando de um ponto e todas as coisas retornando a um ponto. A criação artística similarmente se desdobra, e assim permanece centralizada, em um ponto.

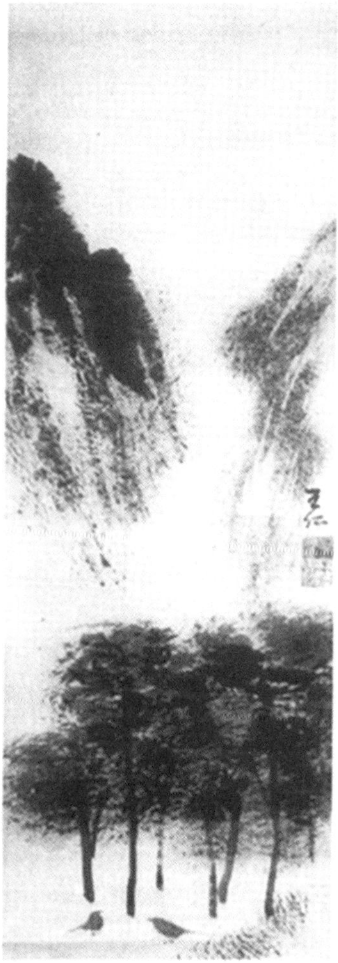 

Uma paisagem *sumi-e* e um retrato de Kannon, a deusa budista da compaixão, ambos pintados por Onisaburo Deguchi. A criação nas artes plásticas depende da integração *aiki* entre o artista e sua concepção, o artista e o médium, e a obra de arte e o espectador. Onisaburo dizia que quando pintava paisagens ele se perdia entre as montanhas e vales que estava criando; quando pintava um deus ou deusa, ele próprio se tornava essa divindade.

Um dos fantásticos "Cintilantes Vasos de Chá". Nesse caso, Onisaburo não se imaginou como sendo um vaso de chá. Em vez disso, ele se perguntou: "De que tipo de vaso de chá os anjos beberiam? Esse é o tipo de vaso de chá que eu vou querer fazer."

Ryu, o caráter para dragão, feito no estilo inimitável de Onisaburo. Ele criou essa criatura fabulosa somente com duas pinceladas grandes.

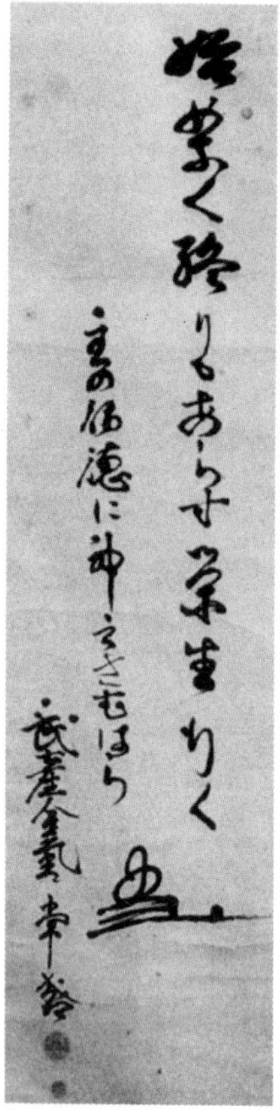

Mestre Ueshiba aprendeu a amar a poesia e a caligrafia com seu guru Onisaburo e aqui está um de seus *dokas*, poemas do Caminho: *Hajime naku/owari mo arazu/sakae yuku/nushi no mitoku ni/kami no samuhara.* Traduzindo para o português: "Sem começo/ E sem fim/ Mas em glória contínua. / Essa é a virtude augusta do Criador/ E a proteção benigna de todos os Deuses!" Está assinado "Takemusu Aiki Tsunemori" (Tsunemori era um dos nomes do Mestre Ueshiba na caligrafia). O caráter maior na parte inferior é o *kao* do Mestre Ueshiba, sua cifra particular. Esse poema foi pincelado no Havaí durante a visita do Mestre Ueshiba no país, em 1961.

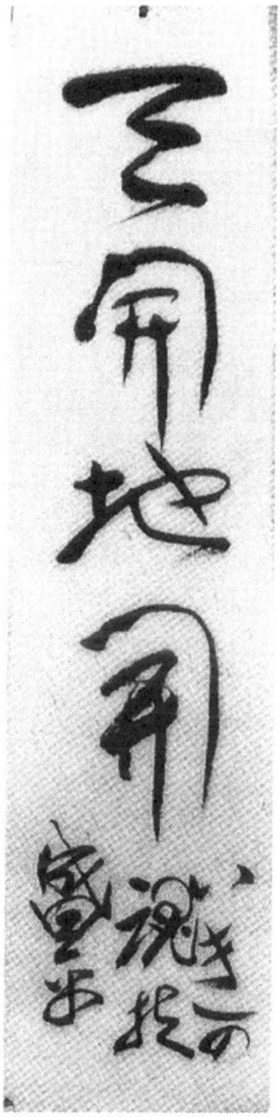

O significado literal dos quatro caracteres grandes é: "Abra-se o céu, abra-se a terra!" (*Ten o hiraku chi o hiraku*), mas pode ser interpretado como "Revelem-se os mistérios do céu, faça o seu próprio caminho na terra". A caligrafia na parte inferior diz *iki no tamawaza* ("as técnicas espirituais da vida"), referindo-se à abertura do céu e da terra. À esquerda, está a assinatura "Morihei". Como freqüentemente mencionamos, "aberto" é uma palavra-chave no Aikido.

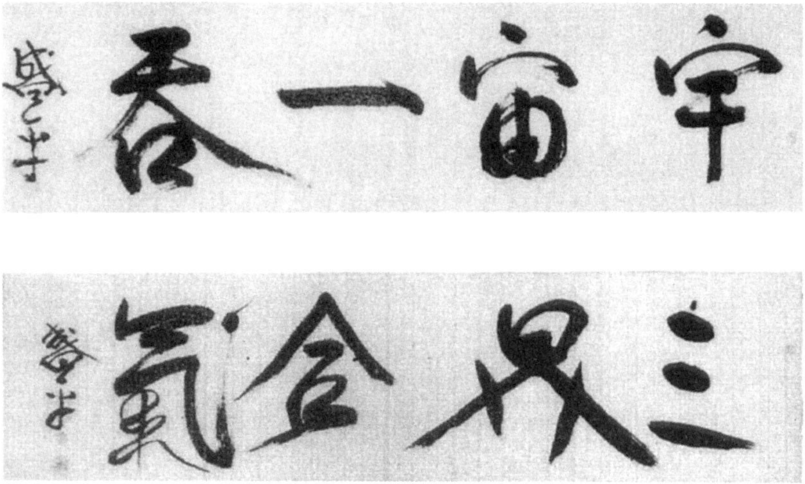

(Topo; lido da direita para a esquerda) *Uchu o hitonomi,* "Engula o universo de um só bocado!" (Abaixo) *Sankai aiki,* "Harmonize os três mundos!" Ambos estão assinados "Morihei". Não temos pensamentos pequenos no Aikido, e essas duas frases são variações da proclamação corajosa de Morihei, "Eu sou o universo!" Que cada um de nós é uma miniatura do universo é um dos fundamentos centrais tanto do Tantra como do Aikido. Morihei também ensinava que os três mundos do céu, terra e humanidade, e também os do passado, presente e futuro, estão contidos no eterno presente.

(Topo) *Masakatsu agatsu,* "Verdadeira vitória é a vitória de si mesmo!" (Abaixo) *Katsu hayabi,* "Vitória aqui e agora!" Ambos estão assinados "Morihei". *Masakatsu agatsu katsu hayabi* era talvez a frase predileta do Mestre Ueshiba, a qual ele usava para descrever a essência do Aikido. O trabalho de pincel aqui é fluente e dinâmico, com uma energia extraordinária que o torna realmente inspirador.

Takemusu aiki pincelado por Rinjiro Shirata. Com *masakatsu agatsu katsu hayabi,* esses eram os temas preferidos do Mestre Ueshiba para a caligrafia. *Takemusu aiki* é difícil de ser traduzido sucintamente. *Take* é "marcial", "cavalaria", "bravura", "coragem", "valor". *Musubi* tem sido muito discutido com o significado de "força geradora da vida"; por isso, uma possível tradução seria "valoroso, criativo e viver harmonioso!".

Aiki okami, "o grande espírito de *aiki*", pincelado pelo autor. O Aikido é um Caminho particular com suas próprias tradições, filosofia e técnicas. *Aiki okami* é o espírito universal do Aikido que envolve a todos os que têm contato conosco durante nossa existência.

Mestre Ueshiba em pé, numa postura serena e perfeitamente natural, num palco Nô. Podemos dizer que ele é um mestre, mas se você não soubesse disso, o que pensaria de sua arte — drama Nô? Canto japonês? Cerimônia do Chá? Caligrafia? Budô? Todas essas artes têm o efeito de trazer à tona o melhor da natureza humana e fazer-nos parecer nobres e cultos.

O Aikido é um tipo de dança, mesmo sendo mais intenso do que um simples rodopio no chão. Aqui as divindades hindus Shiva e sua esposa Parvati executam uma dança que é tanto marital como marcial. Shiva, que é conhecido como "Senhor da Dança", manuseia um tridente, o equivalente tântrico do *aiki jo*, e um tambor para marcar o ritmo. Parvati se move em perfeita harmonia com seu parceiro, o estado ideal tanto na dança como nas técnicas com parceiros no Aikido. Mesmo sendo uma estátua em bronze, está viva com *ki*.

Outro tipo de dança marcial: duas belas mulheres, cobertas num resplandecente *kimono*, duelam com uma espada e um *naginata*. Mesmo que as instrutoras de dança que o Mestre Ueshiba ensinou não estivessem tão bem vestidas assim, elas seriam tão elegantes e sérias como estas.

Existem centenas de fotos do Mestre Ueshiba demonstrando façanhas maravilhosas; para mim, essa foto diz mais sobre o homem e a filosofia do Aikido do que as fotos em que ele está projetando ao mesmo tempo dez homens ao chão. Foi tirada durante um dos seminários do Mestre Ueshiba em Honolulu. O mestre está no canto do *tatami*, gentilmente e com naturalidade ajudando uma iniciante confusa com uma técnica. Ele está servindo de parceiro, e pode até ter feito uma queda para ela. (Existe uma maravilhosa seqüência em vídeo do mestre caindo para um de seus alunos infantis.) Vendo fotos como essa me lembra do hassídico que disse: "Eu não vim aqui para aprender a profundidade da Torá, nem para aprender tudo sobre os mistérios da Cabala; eu vim aqui para ver o mestre amarrando os cordões dos sapatos."

Duas cândidas fotos de Morihei Ueshiba, artista marcial supremo e filósofo do Aikido, com a idade de 79 anos (acima) e 83 (na página ao lado).

Muitos alunos de Aikido são artistas profissionais e naturalmente gostam de utilizar o Mestre Ueshiba como um de seus assuntos principais. Essa pintura, "Mestre Morihei executando a Meditação *Misogi no jo*", é de Ernesto Lemke.

LEITURAS SUGERIDAS

Deguchi, Kyotaro. *The Great Onisaburo Deguchi*. Tóquio: Aiki Journal, 1999.

Dobson, Terry, Rikki Moss e Jan Watson. *It's a Lot Like Dancing*. Berkeley, CA: Frog, Ltd, 1994.

Merton, Thomas. *Gandhi on Non-Violence*. New York: New Directions Publishing, 1964.

Omori, Sogen e Katsujo Terayama. *Zen in the Art of Calligraphy*. Londres: Routledge and Kegan Paul, 1983.

Roob, Alexander. *Alchemy & Mysticism*. Colônia, Alemanha: Taschen, 1997.

Stevens, John, sob a direção de Rinjiro Shirata. *Aikido: The Way of Harmony*. Boston: Shambhala Publications, 1984.

______. *The Sword of No-Sword: The Life of the Master Warrior Tesshu*. Boston: Shambhala Publications, 1989.

______. *The Essence of Aikido: Spiritual Teachings of Morihei Ueshiba*. Tóquio: Kodansha International, 1993.

______. *Three Budo Masters: Kano, Funakoshi, Ueshiba*. Tóquio: Kodansha International, 1995.

______. *Sacred Calligraphy of the East*. Terceira edição, revista e ampliada. Boston: Shambhala Publications, 1995.

______. *The Secrets of Aikido*. Boston: Shambhala Publications, 1995.

______. *The Shambhala Guide to Aikido*. Boston: Shambhala Publications, 1996.

______. *Invincible Warrior: A Pictorial Biography of Morihei Ueshiba, The Founder of Aikido*. Boston: Shambhala Publications, 1997.

______. *The Cosmic Embrace: An Illustrated Guide to Sacred Sex*. Boston: Shambhala Publications, 1999.

______, and Walthar V. Krenner. *Training with the Master: Lessons with Morihei Ueshiba. Founder of Aikido*. Boston: Shambhala Publications, 1999.

Ueshiba, Kisshomaru. *O Espírito do Aikido*, São Paulo: Editora Cultrix, 1994.

Ueshiba, Morihei. *Budo Renshu* (edição bilíngüe). Machida, Japão: Minato Research, 1978.

______. *Budo, Teachings of the Founder of Aikido*. Tóquio: Kodansha International, 1991.

______. *The Art of Peace*. Compilado e traduzido por John Stevens. Boston: Shambhala Publications, 1992.

CRÉDITOS DAS FOTOS

Coleção do autor: 103-107, 112-115, 118-121, 127, 129, 132, 136-139, 142, 146, 150-151, 153-155

Arquivos do Aikido: 108-109, 111, 117, 122-123, 130-131, 133, 135, 152, 156

Coleção de Walther von Krenner: 13, 101, 110, 124, 157

Fundação Omoto-kyo: 143-145

Seiseki Abe: 147-149

Ric Noyle: 126, 134

Gary Ohama: 128

Gaetan Francken: 116

Sergio Goes: 141

Jo and Wies Schops: 140

Etienne de Vries: 125